Ivanka und Branko Mrše

Einstiegskurs Kroatisch

Herausgegeben von
Hedwig Nosbers und Matthias Öhler

Buch mit Audios online

Hueber Verlag

Die Audio-Dateien finden Sie in der *Hueber Media*-App
sowie unter: www.hueber.de/audioservice

4. 3. 2. | Die letzten Ziffern bezeichnen
2029 28 27 26 25 | Zahl und Jahr des Druckes.
Alle Drucke dieser Auflage können, da unverändert, nebeneinander benutzt werden.
1. Auflage

Ersetzt die ISBN 978-3-19-005359-9
Umschlaggestaltung: Sieveking Agentur, München
Redaktion: Dr. Hedwig Nosbers und Matthias Öhler, Bonn; Jürgen Frank, Hueber Verlag, München
Layout: Cihan Kursuner, Hueber Verlag, München
Satz: Marc Martin DTP, Bonn, www.martin-dtp.de
GPSR-Kontakt: Hueber Verlag GmbH & Co. KG, Baubergerstraße 30, 80992 München, kundenservice@hueber.de
Druck und Bindung: Friedrich Pustet GmbH & Co. KG, Gutenbergstraße 8, 93051 Regensburg, technik@pustet.de
Printed in Germany
ISBN 978-3-19-025359-3

Art. 530_30474_001_02

Inhalt

Ein Wort zuvor

Dobar dan und herzlich willkommen zum „Einstiegskurs Kroatisch". Sie kennen Kroatien vielleicht von Ihrem letzten Urlaub oder planen gerade eine Reise dorthin und möchten nun mehr über Land und Leute erfahren? Ihre kroatischen Freunde unterhalten sich und Sie verstehen kein Wort? Für Ihre Ohren klingt alles fremd und zugleich melodiös – Sie möchten gerne mitreden. Dass Sie jetzt dieses Buch in den Händen halten oder den Besuch eines Kroatischkurses erwägen, bringt Sie in jedem Fall diesem Ziel näher. Ob als beliebtes Urlaubsziel, Wirtschaftspartner oder Herkunftsland von über 400 000 Menschen in Deutschland – Beziehungen zwischen Deutschland und Kroatien gibt es seit vielen Jahren. Dass Sie ebenfalls eine Beziehung zu Kroatien haben, zeigt Ihr Interesse an der kroatischen Sprache. Dieses Buch möchte Ihnen einen ersten Zugang zur Sprache eröffnen und Ihnen gleichzeitig das Leben in Kroatien ein Stück näher bringen. Haben Sie Geduld – Kroatisch gehört zu den slawischen Sprachen und hat mitunter seine Tücken. Nutzen Sie die Sprachaufnahmen und trainieren Sie das Zuhören und Sprechen. Nach den 20 Lektionen werden Sie eine ganze Menge sprachliche Situationen aus dem Alltag verstehen und einiges schon selbst – aktiv – sagen können. Das Buch soll hierbei nur Einstieg und Ihnen Ansporn sein, weiter zu machen. Viel Vergnügen und viel Erfolg!

Ivanka und Branko Mrše

G

Gebrauchsanweisung

Konzipiert wurde dieser Kurs als Selbstlernkurs. Aber auch als Lehrwerk im Klassenzimmer kann *Einstiegskurs Kroatisch* zum Einsatz kommen. Wer allein arbeitet, findet all die Hinweise und Kommentare, mit denen Lehrer und Lehrerinnen normalerweise ihren Unterricht gestalten würden, in der farblich abgesetzten Randspalte – von Erläuterungen zu den einzelnen Übungen über grammatische Regeln bis hin zu griffigen Eselsbrücken.

Sie finden in diesem Buch 20 Lektionen. Jeweils vier sind zu einem Kapitel zusammengefasst. Kapitel 1 dreht sich ums Ankommen, Vorstellen und Grüßen. Die nachfolgenden Kapitel behandeln dann die Themen Besichtigungen und Unternehmungen, Essen und Trinken und schließlich Plaudern und Einkaufen. Alle Lektionen sind gleich aufgebaut. Sie finden sich also immer sofort zurecht:

- Der Einführungstext: Auf der ersten Seite jeder Lektion beschreibt ein deutscher Einführungstext, was Nina Lang in Kroatien mit ihrem Freund Teo erlebt und worum es in den beiden Dialogen der Lektion geht.
- Neue Wörter und Dialog A. Auf Seite 2 wird's ernst. Zuerst werden alle neuen Vokabeln der Reihe nach vorgestellt, dann folgt der Dialog, ein kurzes Gespräch, in der Regel zwischen Nina und Teo. Dies alles finden Sie auch in den Audios, die als kostenloser MP3-Download unter www.hueber.de/audioservice erhältlich sind oder über eine kostenlose App für Smartphone und Tablet abgerufen werden können. Am besten hören Sie die Sprachaufnahmen gleich ein paar Mal an. Trauen Sie sich, sprechen Sie halblaut mit, so prägt sich manches besser ein.
- Mindestens eine Übung pro Lektion findet sich auch in den Audios. Legen Sie das Buch mal aus der Hand, verlassen Sie sich auf Ihr Gehör. Ein kurzer Gong sagt Ihnen, wann Sie mit Sprechen an der Reihe sind. Die Lösung folgt dann im Anschluss. Die Nachsprechübungen trainieren jeweils die richtige Aussprache – das hilft beim Verstehen und Verstandenwerden. Wenn Sie bei der einen oder anderen Übung nicht weiter wissen, können Sie im Schlüssel am Buchende nachschauen.
- Für den zweiten Teil der Lektion (Dialog B und nachfolgende Übungen) gilt das Gleiche.
- Lesetext. Der Lesetext am Ende jeder Lektion ist die Belohnung für fleißiges Lernen. Hier finden Sie Informationen über das Leben in Kroatien. Je mehr Sie von Landeskunde und nationalen Besonderheiten verstehen, um so leichter fällt es Ihnen auch, mit der Sprache vertraut zu werden.

Was Sie sonst noch erwartet

- Nach jeder Lerneinheit (nach Lektion 4, 8, 12, 16 und 20) kommt ein kleiner Test, den Sie hoffentlich mit Bravour meistern. Wer schummeln möchte – nur zu: Den Schlüssel finden Sie im Anhang.

- Besagter Schlüssel hält neben den Antworten zu den Tests auch alle Lösungen zum Übungsteil bereit.
- Ein kurzer Grammatiküberblick fasst das Gelernte zusammen. Das ist Ihnen bereits vertraut und das sollten Sie auch beherrschen: Tätigkeitswörter, Zeiten, Einzahl-Mehrzahl, Fürwörter.
- Die Wörterliste beinhaltet alle kroatischen Wörter, die in diesem Buch auftauchen. Wenn Sie alle Dialoge durchgearbeitet haben, entspricht diese Liste nun genau Ihrem aktiven und passiven Wortschatz: Alle Wörter können Sie nun sowohl richtig benutzen als auch verstehen.

Die Sprachaufnahmen

Die Sprachaufnahmen schulen Ihr Hörverständnis und sensibilisieren Ihr Ohr für die richtige Aussprache. Das ist bei Kroatisch sehr wichtig, da das Kroatische eine besondere Wort- und Satzmelodie hat. Aber keine Sorge: Mit den von den Sprechern gesprochenen Standards wird man Sie verstehen.

Für das Hören der Sprachaufnahmen schlagen wir vor:

- Erstes Anhören bei geöffnetem Buch. Auf die Aussprache achten: Wie hängen Schriftbild und Aussprache zusammen? Versuchen Sie sich die Bedeutung einzuprägen. Zur Not ein paar Mal hintereinander reinhören. Nach jedem Wort lassen wir eine kleine Pause, die Ihnen Zeit zum Nachsprechen gibt. Keine übertriebene Zurückhaltung: Gewöhnen Sie sich schon frühzeitig an Ihre Stimme in der Fremdsprache.
- Der Dialog A sollte, nachdem Sie die Wörter geübt haben, keine großen Schwierigkeiten mehr bereiten. Alle neuen Wörter lernen Sie jetzt im Kontext kennen. Achten Sie auf die Satzmelodie und Intonation. Äffen Sie guten Gewissens nach, was die Sprecher Ihnen vormachen. Ein bisschen Übertreibung schadet dabei sicher nicht.
- Mindestens eine Übung pro Lektion findet sich auch in den Sprachaufnahmen. Legen Sie das Buch mal aus der Hand und verlassen Sie sich auf Ihr Gehör. Ein kurzer Gong sagt Ihnen, wann Sie mit Sprechen an der Reihe sind. Die Lösung folgt dann im Anschluss.
- Für den zweiten Teil der Lektion (Dialog B und nachfolgende Übungen) gilt das Gleiche wieder entsprechend.

Alle Vokabellisten, Dialoge und Übungen, die Sie sich anhören können, sind mit diesem Piktogramm versehen:

▶ 1/1

Die erste Ziffer steht für Teil 1 (Lektionen 1-10) bzw. Teil 2 (Lektionen 11-20) des Sprachkurses, die zweite für die Tracknummer, unter der der entsprechende Hörtext zu finden ist.

1

Hoffentlich ist Teo da ...

Aussprache
Im Kroatischen ganz einfach, denn alles wird gesprochen, wie es auch geschrieben wird: ein Buchstabe – ein Laut.

Kroatische Städte 1/2

***Č**akovec*
(**č** = tsch) (c = ts)
*Gospi**ć***
(**ć** = weicher als tsch, ähnlich dem deutschen tch wie Hütchen)
***R**ovinj*
(**r** = gerolltes **r** wie in Ca**rr**olin **Rr**eibe**rr**)
***Š**ibenik*
(**š** = sch)
***Z**agreb*
(**z** = stimmhaftes s wie Sonne)
***S**-plit*
(**s** = stimmloses s)
Das **s** wird stets als **s** gesprochen, niemals als **sch**. S-tellen Sie sich einfach vor, Sie s-tammen aus Hamburg.

Flug OU417 der Croatia Airlines von Frankfurt nach Zagreb. Nina Lang hat es sich auf ihrem Sitz bequem gemacht. *Dobar dan* (Guten Tag), grüßt die ältere Dame neben ihr. Sie hat offensichtlich Angst vorm Fliegen und hält krampfhaft ihre Handtasche fest. Das Flugzeug hebt ab und schon verschwindet Frankfurt in dem feinen Nieselregen unter ihnen.
Vi govorite hrvatski! (Sie sprechen Kroatisch!) wendet sich die Dame an Nina. Ja, Nina studiert seit vier Semestern Kroatisch in Mainz und freut sich, dass sie nun ihre Sprachkenntnisse in die Praxis umsetzen kann. *Ja se zovem Nina Lang* (Ich heiße Nina Lang), stellt sie sich vor. *Drago mi je* (Angenehm). Nina erzählt, dass sie ihren Freund Teo besucht, den sie an der Uni kennen gelernt hat. Teo hat ein Semester in Deutschland studiert, lebt jetzt aber wieder in Zagreb. Seine Heimat ist Nina nicht völlig unbekannt – als Kind hat sie mit ihren Eltern Ferien an der Adria gemacht. Sie ist gespannt, wie sich das Land verändert hat.
Der Flug verläuft in angeregtem Geplauder und Ninas Sitznachbarin verliert ihre Flugangst. Viel zu schnell ertönt aus dem Cockpit die Ansage, dass die Maschine in wenigen Minuten in Zagreb landen wird. Hoffentlich ist Teo da ...

Kamo putujete?

1 A

1/3

Dobar dan	Guten Tag
Vi	Sie
Vi govorite	Sie sprechen, reden
hrvatski	kroatisch
da	ja
ja se zovem	ich heiße
drago mi je	freut mich, angenehm
ja sam	ich bin
kamo	wohin
putujete	Sie reisen
putujem	ich reise
u Zagreb	nach Zagreb

■ Dobar dan!	Guten Tag!
● Ah, dobar dan! Vi govorite hrvatski!	Ach, guten Tag! Sie sprechen Kroatisch!
■ Da. Ja se zovem Nina Lang.	Ja. Ich heiße Nina Lang.
● Drago mi je, ja sam Ana Kos.	Angenehm, ich bin Ana Kos.
■ Kamo putujete?	Wohin reisen Sie?
● Putujem u Zagreb.	Ich reise nach Zagreb.

Vi/vi
***Vi:* Sie** (höfl. Anrede)
***vi:* ihr** (2. Pers. Pl.)

Vi govorite:
Sie sprechen
vi govorite:
ihr sprecht

Im Kroatischen muss man nicht unbedingt **ich**, **Sie** etc. sagen.
Welche Person gemeint ist, erkennt man an der **Verb-Endung**:
*Putu**jem** u Zagreb:*
Ich reise nach Zagreb.
*Putu**jete** u Zagreb:*
Sie reisen nach Zagreb.

*govor**im**:*
ich spreche
*govor**ite**:*
Sie sprechen

Übungen

Mit Hilfe der Ausspracheტipps von Seite 8 können Sie sicher problemlos sagen, wohin Sie reisen ...

1. Sprechen Sie nach

1/4

1. Split: Putujem u Split.
2. Šibenik: Putujem u Šibenik.
3. Čakovec: Putujem u Čakovec.
4. Dubrovnik: Putujem u Dubrovnik.
5. Zagreb: Putujem u Zagreb.

Raten Sie den Deckel auf dem Töpfchen.

2. Was passt zusammen?

1.	Ja se zovem	a ☐	Angenehm
2.	Drago mi je	b ☐	Wohin reisen Sie
3.	Ja sam	c ☐	Ich heiße
4.	Kamo putujete	d ☐	Ich reise nach Zagreb
5.	Putujem u Zagreb	e ☐	Ich bin

Einige dieser Kroatinnen und Kroaten dürften Sie bestimmt kennen.

3. Ich heiße ...

1/5

***Ja se zovem** Ivica Kostelić.*

1. Ivica Kostelić
2. Goran Ivanišević
3. Luka Modrić
4. Nikola Pilić
5. Janica Kostelić
6. Miroslav Nemec

So wie's hier steht, ist es nur schwer zu verstehen. Bringen Sie die Sätze in die richtige Reihenfolge.

4. So ein Durcheinander

1. hrvatski – Vi – govorite
2. Split – u – putujem
3. sam – Ana Kos – ja
4. Nina – ja – zovem – se

Blättern Sie ruhig eine Seite zurück. Was macht dem Dialog nach am meisten Sinn?

5. Welche Erwiderung passt?

1.	Ja se zovem Nina Lang.	a ☐	Putujem u Zagreb.
2.	Vi govorite hrvatski!	b ☐	Drago mi je.
3.	Dobar dan!	c ☐	Da.
4.	Kamo putujete?	d ☐	Dobar dan!

Kako si?

1 B

1/6

bok	hallo/tschüss
konačno	endlich
dobro došla	herzlich willkommen
kako si	wie geht es dir
hvala	danke
dobro	gut
izgledaš	du siehst aus
odlično	ausgezeichnet, toll
ti također	du auch
idemo	lass uns gehen/wir gehen
auto je	das Auto ist
vani	draußen

■ Bok, Teo.	Hallo, Teo.
● Nina, konačno. Dobro došla. Kako si?	Nina, endlich. Herzlich willkommen. Wie geht es dir?
■ Hvala, dobro.	Danke, gut.
● Izgledaš odlično.	Du siehst toll aus.
■ Hvala, ti također.	Danke, du auch.
● Idemo, auto je vani.	Lass uns gehen, das Auto ist draußen.

Doppel*bok*
1. *bok* = hallo
2. *bok* = tschüss
Besonders unter guten Bekannten.

(f) *Dobro doš**la**, Nina.*
(m) *Dobro doš**ao**, Teo.*
Die Endung ***-la/-ao*** sagt aus, ob Sie einen Mann oder eine Frau begrüßen.

Buchstabe *đ*
đ: dch (ähnlich wie dsch in Dschungel, aber viel weicher)

***biti:* sein**
*ja **sam**:* ich bin
*ti **si**:* du bist
*on/ona/ono **je**:* er, sie, es ist
*mi **smo**:* wir sind
*Vi **ste**:* Sie sind
*vi **ste**:* ihr seid
*oni **su**:* sie sind

Achtung: das Hilfsverb ***biti*** (sein) ist **unregelmäßig**. Diese Präsensformen können **niemals** an **erster Stelle** im Satz stehen!

Übungen

1. Richtige Begrüßung

Wen möchten Sie willkommen heißen? Nicht vergessen: Damen werden mit *dobro došla* begrüßt, Herren mit *dobro došao*.

1/7

*Ana, **dobro došla**!*

1. Ana, ...
2. Mirko, ...
3. Teo, ...
4. Marija, ...

2. Richtige Antwort

Missverständnisse sollte man vermeiden. Welche Erwiderung macht also Sinn?

1. Kako si?
   a ☐ Hvala, dobro.
   b ☐ Hvala, ti također.
2. Izgledaš odlično.
   a ☐ Idemo, auto je vani.
   b ☐ Hvala, ti također.
3. Vi govorite hrvatski!
   a ☐ Ja se zovem Nina.
   b ☐ Da.

3. Richtiger Dialog

Nanu, der Dialog ist offensichtlich durcheinander geraten. Schaffen Sie Ordnung.

1. Bok, Teo.
2. Idemo, auto je vani.
3. Kako si?
4. Izgledaš odlično.
5. Nina, konačno. Dobro došla.
6. Hvala, dobro.
7. Hvala, ti također.

4. Richtige Endung

Es geht hier um die richtige Verb-Endungen. Zweifel? Schauen Sie noch mal in die Dialoge.

1. Izgled__ odlično.
2. Id___ auto je vani.
3. Kamo putu____?
4. Vi govor___ hrvatski!

Kleiner Staat mit Tradition

1

Nach der Loslösung aus dem Staatenbund des sozialistischen Jugoslawien wurde Kroatien 1991 nach langer Zeit wieder eine unabhängige Republik. Das kleine Land an der Adria mit rund vier Millionen Einwohnern ist zwar ein junger Staat, blickt aber auf eine bewegte und auch leidvolle Geschichte zurück.
Viele Völker haben in Kroatien ihre prägenden Spuren hinterlassen. Die Altstadt der Hauptstadt Zagreb mit ihren prachtvollen Villen strahlt Wiener Flair aus – die Einflüsse der K.u.k.-Zeit sind heute noch spürbar. Im Zagreber Dialekt werden noch vereinzelt deutsche Wörter verwendet: so ist beispielsweise abends noch immer das *haustor* zu schließen ...
Fährt man hingegen die dalmatinische Küste entlang, glaubt man sich insbesondere in den Küstenstädten Zadar, Split oder Dubrovnik nach Italien versetzt. Die engen Gässchen mit ihrem Steinboden und den alten Hauseingängen erinnern an Rom oder Venedig. Im Kern der Altstadt von Split steht ein berühmtes Bauwerk, der Diokletianspalast, der auf den römischen Kaiser zurückgeht. Auch sprachliche Einflüsse Italiens sind in der Küstengegend leicht auszumachen: Während man in Zagreb auf den *plac* (Marktplatz) geht, kauft man in Split sein Gemüse auf der *pjaca* (Piazza).
Heute leben in Kroatien zahlreiche Volksgruppen als nationale Minderheiten. Neben der Amtssprache Kroatisch wird auch Serbisch, Ungarisch, Italienisch, Slowakisch und Tschechisch gesprochen.

Stumme Deutsche
Deutsche sind in Kroatien stets willkommene Gäste. Sie bleiben ihrem Urlaubsland oft jahrzehntelang treu.

Deutsche werden in Kroatien häufig *Švabe* (Schwaben) genannt. Der Begriff geht auf die Donauschwaben zurück, die sich im 17. Jahrhundert in kroatischen Gebieten angesiedelt hatten.

Die Bezeichnung *Nijemci* (Deutsche) ist übrigens von dem Adjektiv *nijem:* stumm abgeleitet. Da scheint es in der Vergangenheit doch mit der Kommunikation etwas gehapert zu haben.

2

Wieder zusammen

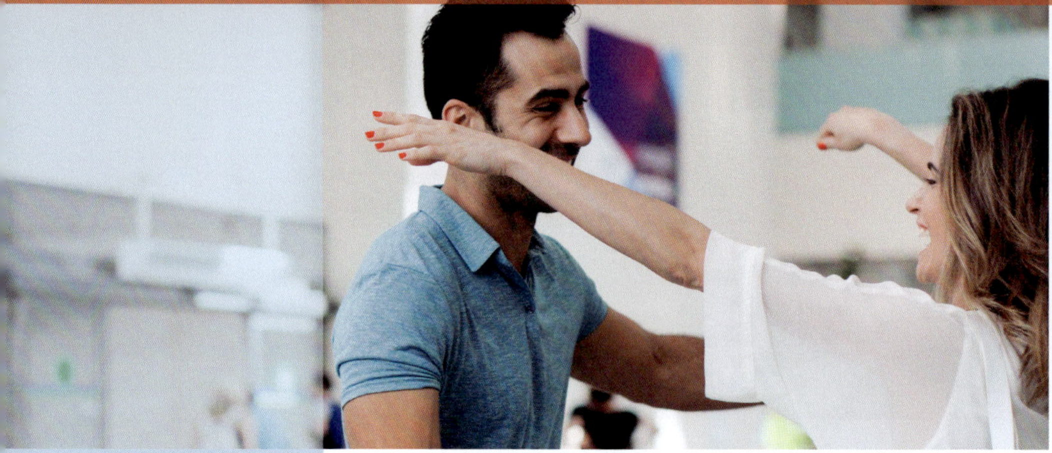

Gruß und Kuss
Dobro jutro:
Guten Morgen!
Dobar dan:
Guten Tag!
Dobra večer:
Guten Abend!

Gute Freunde und Verwandte werden oft mit Küsschen auf beide Wangen begrüßt. Vorsicht: nie dreimal küssen!

Anrede
gospođa: verheiratete oder ältere Frau
gospođica:
jüngere, unverheiratete Frau; wörtlich Fräulein
gospodin: Herr

Nach einem etwas schüchternen Begrüßungskuss (immerhin liegt ihr Abschied in Deutschland vier Monate zurück) stehen Nina und Teo sich in der Ankunftshalle erwartungsvoll gegenüber. Ein bisschen komisch, sich nach so langer Zeit wiederzusehen. Um sie herum strömen die Flugpassagiere – hauptsächlich Geschäftsreisende – dem Ausgang entgegen. Ein Mann hält ein Schild in die Höhe, auf dem „*Gospođa Novak/Hotel Esplanade*" steht.
Auf dem Parkplatz fällt Nina plötzlich ein: *Ah, Teo, moj kovčeg i moja torba!* (Ach, Teo, mein Koffer und meine Tasche!) Schnell machen sich Nina und Teo auf die Suche nach dem Gepäck.
Drinnen trifft Nina eine „alte" Bekannte wieder: *Gospođice Lang, i Vi ste još tu!* (Fräulein Lang, Sie sind auch noch da!) Frau Kos winkt Nina erfreut zu und wünscht ihr zum Abschied: *Ugodan boravak!* (Angenehmen Aufenthalt!)
Nina wird ihre Ferien bestimmt genießen. Besonders, da Teo sich von seiner galanten Seite zeigt und ihre Tasche und den ziemlich schweren Koffer zum Auto schleppt!

Ugodan boravak!

2 A

1/8

moj kovčeg	mein Koffer
i	und, auch
moja torba	meine Tasche
gdje su	wo sind
tvoj	dein
tvoja	deine
pogledati	(nach)schauen
gospođice	Fräulein (Anrede)
još	noch
tu	da
gospođo	Frau (Anrede)
Ugodan boravak!	Angenehmen Aufenthalt!
Doviđenja!	Auf Wiedersehen!

■ Ah, Teo, moj kovčeg i moja torba!	Ach, Teo, mein Koffer und meine Tasche!
● Gdje su tvoj kovčeg i tvoja torba?	Wo sind dein Koffer und deine Tasche?
■ Idemo pogledati gdje su.	Lass uns nachschauen gehen, wo sie sind.

● Gospođice Lang, i Vi ste još tu.	Frau Lang, Sie sind auch noch da.
■ Da, gospođo Kos.	Ja, Frau Kos.
● Ugodan boravak!	Angenehmen Aufenthalt!
■ Hvala, doviđenja!	Danke, auf Wiedersehen!

Substantiv-Endungen
1. Maskulina (m) meist auf Konsonant
   kovčeg: Koffer
2. Feminina (f) meist auf ***-a***
   *torb**a***: Tasche
3. Neutra (n) auf ***-o*** oder ***-e***
   *piv**o***: Bier
   *dijet**e***: Kind

Ausnahmen: *eur**o*** und *aut**o*** sind maskulin (*auto* Kurzform von *automobil*)

mein/meine
(m) ***moj*** *kovčeg*:
mein Koffer
(f) ***moja*** *torb**a***:
meine Tasche
(n) ***moje*** *dijet**e***:
mein Kind
moje *piv**o***: mein Bier
genauso:
tvoj/tvoja/tvoje
dein/deine

ići: gehen
*id**em***: ich gehe
*id**eš***: du gehst
*id**e***: er/sie/es geht
*id**emo***: wir gehen
*id**ete***: ihr geht, Sie gehen
*id**u***: sie gehen

idemo:
1. wir gehen
2. lass uns gehen

Vokativ: Anredefall
steht immer dann, wenn man jemanden direkt anspricht.

(f) ***-a → -o***
-ica → -e
*Da, gospođ**o** Kos!*
*Da, gospođic**e** Lang!*

Übungen

Begrüßen Sie diese Damen. Achtung, einige sind älter andere sind jünger.

1. Die richtige Anrede

1/9

*Dobar dan, **gospođice** Lang!*

1. gospođica Lang
2. gospođa Kos
3. gospođica Feldbusch
4. gospođa Rajter
5. gospođica Meyer

Ordnen Sie diesen vielbenutzten Wörtern die Übersetzung zu.

2. Keine Kleinigkeiten

1.	kako	a ☐	wo
2.	tu	b ☐	wohin
3.	gdje	c ☐	und
4.	kamo	d ☐	da
5.	i	e ☐	wie

Nicht nur die Endungen der Substantive geben Hinweise, ob es *tvoj* oder *tvoja* heißen muss ...

Aufpassen: *auto* ist männlich!

3. Mein und dein

*Gdje je **moj** kovčeg?*	***Tvoj** kovčeg je tu.*
1. Gdje je moj kovčeg?	________ kovčeg je tu.
2. Gdje je moja torba?	________ torba je vani.
3. Gdje je moje pivo?	________ pivo je tu.
4. Gdje je moja mama?	________ mama je vani.
5. Gdje je moj auto?	________ auto je tu.

Setzen Sie die passende Form von *biti* ein.

4. Was fehlt?

je – ste – si – su – sam

1. Gospođice Lang, i Vi ___ još tu.
2. Kako ___ ?
3. Gdje ___ moj kovčeg i moja torba?
4. Ja ___ Teo Bolić.
5. Auto ___vani.

Nur Mut bei den ungewohnten Buchstaben: Ohren auf und dann frisch von der Zunge weg!

5. Nachplappern

1/10

1. izgledaš odlično
2. doviđenja
3. konačno
4. gospođice Šušković
5. moj kovčeg
6. također
7. gospođo Šarić
8. šesnaest

2 B

Nema problema

1/11

sigurno	bestimmt, sicher
umoran/umorna/umorno	müde
ne	nein/nicht
samo	nur
gladna sam	ich bin hungrig
žedna sam	ich bin durstig
nema problema	kein Problem
hladnjak	der Kühlschrank
pun/puna/puno	voll
a	und, aber
trbuh	der Bauch
prazan/prazna/prazno	leer

● Ti si sigurno umorna, Nina!?	Du bist bestimmt müde, Nina!?
■ Ne, samo sam gladna i žedna.	Nein, ich bin nur hungrig und durstig.
● Nema problema, moj hladnjak je pun.	Kein Problem, mein Kühlschrank ist voll.
■ A moj trbuh je prazan.	Aber mein Bauch ist leer.
● Hladnjak je pun, trbuh je prazan, Nina je gladna i Teo je gladan.	Der Kühlschrank ist voll, der Bauch ist leer, Nina ist hungrig und Teo ist hungrig.

Aussprache
ž = **J**ournalist,
Gara**g**e

Adjektive:
Es werden **immer** (m), (f) und (n) unterschieden:
gladan *je:*
er ist hungrig
gladna *je:*
sie ist hungrig
gladno *je:*
es ist hungrig

žedan *je:*
er ist durstig
žedna *je:*
sie ist durstig
žedno *je:*
es ist durstig

dobar *je:*
er ist gut
dobra *je:*
sie ist gut
dobro *je:*
es ist gut

Die Neutrum-Form des Adjektivs übernimmt auch Adverb-Funktion:
*Ti **dobro** govoriš hrvatski:*
Du sprichst **gut** Kroatisch.

2 B

Übungen

Frauen und Männer werden hier von den gleichen Problemen geplagt. Entscheiden Sie sich für die richtige Adjektivform.

1. Hungrig, durstig, müde

*Nina: Glad**na** sam.*

1. Nina: Glad__ sam.
2. Teo: Glad__ sam.
3. Nina: Žed__ sam.
4. Teo: Žed__ sam.
5. Nina: Umor__ sam.
6. Teo: Umor__ sam.

Bloß nicht am Morgen „Guten Abend" sagen!

2. Auf Kroatisch bitte

1. Guten Morgen!
2. Hallo!
3. Guten Tag!
4. Tschüss!
5. Guten Abend!
6. Auf Wiedersehen!
7. Angenehmen Aufenthalt!

Pun, puna, puno – jeweils eins passt zum Substantiv und ist richtig.

3. Alles voll

1/12

***Kovčeg** je pun.*

1. kovčeg
2. hladnjak
3. pjaca
4. trbuh
5. auto
6. torba

Prazan, prazna, prazno funktioniert genau wie *pun, puna, puno.*

4. Alles leer

1/13

***Hladnjak** je prazan.*

1. hladnjak
2. torba
3. trbuh
4. auto
5. kovčeg
6. pjaca

Die Menschen in Kroatien sind durchweg hilfsbereit und zudem erfinderisch im Umgang mit großen und kleinen Widrigkeiten des Alltags ...

5. Kein Problem

***Nema problema**, moj hladnjak je pun.*

1. moj hladnjak je pun
2. moj auto je vani
3. Nina govori hrvatski
4. idemo pogledati
5. Teo je tu

Nicht nur für Winnetou

2

Lijepa naša domovina (Unser schönes Heimatland), heißt es in der kroatischen Nationalhymne. Und tatsächlich bietet das Land alles, was das Herz begehrt: zerklüftete Berge, liebliche Landschaften, eine so wilde wie schöne Küste und ein angenehmes Klima. Nicht nur die Kroaten lieben ihr Land, auch Touristen schätzen seine Vielfalt.

Unberührte Natur und die Möglichkeit zum Kraxeln findet man beispielsweise im Nationalpark der Plitwitzer Seen, wo seinerzeit die Karl-May-Filme gedreht wurden und Winnetou und Old Shatterhand durch felsiges Bergland galoppierten ...

Die meisten Besucher zieht jedoch die 1777 km lange Adriaküste mit ihren 1185 Inseln an. Hier schippern sogar Promis wie Bill Gates, Jeff Bezos, Cristiano Ronaldo und andere mit ihren bescheidenen Yachten herum ...

Die klimatischen Unterschiede im Land kann man im Frühjahr auf einer Fahrt von Zagreb nach Zadar an einem Tag hautnah erleben: In Zagreb herrscht mildes Schmuddelwetter, in den Bergen der Lika liegt noch Schnee und an der Küste herrscht schon der Frühsommer!

Kroatien in Zahlen
Fläche: 56 594 km^2
Einwohner: rund 4 Millionen
Bevölkerungsdichte:
68 Einwohner pro km^2

Wichtige Flüsse
Dunav (Donau)
Sava (Save)
Drava (Drau)
Neretva
Krka

Wichtige Inseln
Cres
Krk
Rab
Brač
Hvar
Korčula

3

Teos Bude

Studentenleben
Zagreb hat eine der ältesten Universitäten Europas (1662 begründet) mit ca. 70.000 Studenten.

Kroatische Studenten haben im Vergleich zu ihren deutschen Kommilitonen selten eine eigene Wohnung. Die meisten wohnen bei den Eltern oder in Wohnheimen. 2-Bett-Zimmer sind keine Seltenheit.

Auf der Fahrt vom Flughafen in die Innenstadt bleiben Nina und Teo im dichten Berufsverkehr Zagrebs stecken. Stoßstange an Stoßstange drängen sich die Autos – viele davon mit ausländischen Kennzeichen. Auf dem Bürgersteig entdeckt Nina auch viele junge Rucksacktouristen.
Teo wohnt in der Altstadt in einer Mansarde. Wie viele Studenten teilt er sie sich mit einem Freund. Während er in der Kochnische einen Imbiss vorbereitet, inspiziert Nina das Zimmer. *Tko je ovo na fotografiji?* (Wer ist das auf dem Foto?) Nina zeigt auf ein Foto neben der Tür. *To je moj prijatelj* (Das ist mein Freund), antwortet Teo. Goran, der auch an Teos Uni studiert, hat extra für Nina Bett und Schrank geräumt und ist zu seinen Eltern gefahren. So muss sie nicht im Hotel wohnen.
Der Blick aus dem Fenster ist grandios und Nina kann es kaum abwarten, einen ersten Rundgang in die Stadt zu starten. Nach einem belegten Brot und Teos extrastarkem Kaffee fühlt sie sich wieder richtig fit.

Tko je ovo?

3 A

1/14

tko	wer
ovo	das
na fotografiji	auf dem Photo
to	das
prijatelj	Freund
zove se	er, sie, es heißt
što	was
radi	er, sie, es macht/arbeitet
studira	er, sie, es studiert
zovete se	Sie heißen
gospodine	Herr (Anrede)
zanimljiv/zanimljiva/-o	interessant

■ Tko je ovo na fotografiji?	Wer ist das auf dem Photo?
● To je moj prijatelj.	Das ist mein Freund.
■ Kako se on zove?	Wie heißt er?
● Zove se Goran.	Er heißt Goran.
■ Što radi?	Was macht er?
● Studira.	Er studiert.
■ A kako se zovete Vi, gospodine?	Und wie heißen Sie, der Herr?
● Zovem se Teo, gospođice, a Vi?	Ich heiße Teo, Fräulein, und Sie?
■ Nina, gospodine.	Nina, der Herr.
● Zanimljivo!	Interessant!

das und das
***ovo**:* das = dem Sprecher näher
***to**:* das = dem Hörer näher

lj = sehr weiches l, ähnlich dem deutschen ll in Ta**ill**e

Lokativ
Dieser Fall antwortet auf die Frage **wo**?
Substantiv-Endung:
(m) ***-u***
(f) ***-i***
(n) ***-u***

*u Split**u**:* in Split
*u torb**i**:* in der Tasche
*u Sarajev**u***: in Sarajevo

raditi:
1. machen
2. arbeiten

*rad**im**:* ich mache
*rad**iš**:* du machst
*rad**i**:* er/sie/es macht
*rad**imo**:* wir machen
*rad**ite**:* ihr macht/ Sie machen
*rad**e**:* sie machen

Direkte Anrede von
*gospodin: gospodin**e***
*Dobar dan, gospodin**e** Nemec.*
Guten Tag, Herr Nemec.

3 A

Übungen

Wo?
Darauf antwortet der Lokativ. Die entsprechenden Endungen finden Sie auf S. 21.

1. Wo ist ... ?

▶ 1/15

Moj prijatelj je ***u Splitu****.*

1. Moj prijatelj / Split
2. Tvoja fotografija / torba
3. Tvoje pivo / hladnjak
4. Moja mama / Zagreb
5. Moj auto / Sarajevo

Hier soll die richtige Übersetzung gefunden werden. Wenn Sie sich nicht sicher sind, einfach den letzten Dialog noch mal lesen.

2. Was gehört zusammen?

1.	tko	a ☐	das
2.	ovo	b ☐	was
3.	što	c ☐	er
4.	on	d ☐	das
5.	to	e ☐	wer

Die einzelnen Wörter sind wie bei einem Puzzle neu anzuordnen ... Der Dialog auf S. 21 kann Ihnen auf die Sprünge helfen.

3. Schön der Reihe nach

1. je – ovo – na – tko – fotografiji?
2. moj – to – prijatelj – je.
3. se – kako – on – zove?
4. se – Goran – zove.
5. radi – što?

Tko oder *što* – das ist hier die Frage!

4. Wer oder was?

Tko *je ovo? To je moj prijatelj.*

1. ______ je ovo? To je moj prijatelj.
2. ______ je ovo? To je gospođa Kos.
3. ______ je ovo? To je moja mama.
4. ______ je ovo? To je moj auto.
5. ______ je ovo? To je gospođica Lang.
6. ______ je ovo? To je moja torba.

Wenn Sie nicht weiterwissen, heißt es auf S. 21 nachsehen.
Dann bekommen Sie die korrekte Endung hin.

5. Alles hat ein Ende

1. Gdje rad__ tvoja mama?
2. Ja rad__ u Zagrebu.
3. Što ti rad__?
4. Ah, Vi rad__ u Rimu!
5. Moj prijatelj i ja rad__ u Berlinu.
6. Ana i Nina također rad__.

Vrijeme je lijepo

3 B

▶ 1/16

vrijeme	Wetter
tako	so
lijep/lijepa/lijepo	schön
sunčan/sunčana/sunčano	sonnig
topao/topla/toplo	warm
li	(Fragepartikel)
svakako	natürlich/auf jeden Fall
šetati	bummeln/spazieren
u grad	in die Stadt
imaš	du hast
sve	alles

■ Vrijeme je tako lijepo.	Das Wetter ist so schön.
● Tako je sunčano i toplo.	Es ist so sonnig und warm.
■ Idemo li vani, Teo?	Gehen wir nach draußen, Teo?
● Svakako.	Natürlich.
■ Kamo?	Wohin?
● Idemo šetati.	Wir gehen bummeln.
■ U grad?	In die Stadt?
● Da, idemo u grad šetati. Imaš li sve?	Ja, wir gehen in die Stadt bummeln. Hast du alles?
■ Sigurno!	Sicher!
● Konačno!	Na endlich!

Fragepartikel *li*
bei **Fragen**, die mit einem Verb beginnen, steht *li* unmittelbar hinter dem **Verb**:
***Imaš li** sve?*: Hast du alles?

Belebte und unbelebte Substantive
belebt = Personen- und Tierbezeichnungen
unbelebt = alle anderen Substantive. Unterscheidung wichtig für den **Akkusativ**
(m) belebt: ***-a*** *prijatelja:* den Freund
unbelebt = **Nominativ**
kovčeg: den Koffer
(f) ***-u***
torbu: die Tasche
(n) = **Nominativ**
pivo: das Bier

u + **Akkusativ**: in/nach antwortet auf die Frage **Wohin?**
*idem **u** grad:*
ich gehe **in** die Stadt
*putujem **u** Split:*
ich reise **nach** Split

Übungen

Immer schön der Reihe nach: erst das Verb, dann *li* und dann alles, was Sie so wissen möchten!

1. Stellen Sie Fragen

***Govori li** Nina hrvatski?*

1. Nina govori hrvatski.
2. Vi govorite njemački.
3. Ti imaš sve.
4. Tvoj prijatelj ide u grad.
5. Christof putuje u Čile.
6. Antonia i Milena rade u Hamburgu.

Lijep,lijepa, lijepo –
Sie haben die Wahl!

2. Alles ist schön

*Vrijeme je **lijepo**.*

1. Vrijeme je
2. Torba je
3. Grad je
4. Kovčeg je
5. Nina je
6. Zagreb je
7. Auto je
8. Fotografija je

Raten Sie mal, welche Sprache in welchem Land gesprochen wird.
Kleiner Tipp: *Njemačka* = Deutschland. (Der Schlüssel hilft auch weiter!)

3. Länder und Sprachen

1. Njemačka	a ☐ engleski
2. Italija	b ☐ poljski
3. Poljska	c ☐ ruski
4. Francuska	d ☐ španjolski
5. Engleska	e ☐ njemački
6. Rusija	f ☐ talijanski
7. Španjolska	g ☐ francuski

Obacht! Die Namen von Ländern und Städten sind Substantive. Akkusativ antwortet auf die Frage Wohin? Die Endungen finden Sie auf Seite 23.

4. Wohin reisen Sie?

1/17

*Putujem **u Austriju**.*

1. Austrija
2. Rim
3. Njemačka
4. Italija
5. Sarajevo
6. Čile
7. London
8. Varšava
9. Brazil
10. Amerika

Sprechen Sie Kroatisch?

3

Das Kroatische als slawische Sprache gehört zur großen indogermanischen Sprachfamilie. Wer Kroatisch kann, wird im gesamten ehemaligen Jugoslawien verstanden, wo Slowenisch, Bosnisch, Serbisch oder Mazedonisch gesprochen wird. Man hat mit Kroatisch gute Grundlagen, um andere slawische Sprachen wie Tschechisch, Polnisch oder Russisch zu lernen.
Die kroatische Sprache entwickelte sich aus dem früheren Kirchenslawischen, das während der Liturgie verwendet wurde; der Beginn der Schriftsprache wird auf das Ende des 15. Jahrhunderts datiert. Seit Kroatien unabhängig ist, achten die Kroaten wieder verstärkt darauf, ihre nationale Identität auch sprachlich auszudrücken. Serbische und viele internationale Begriffe wurden durch alte, kroatische ersetzt, z. B. *ljekarna* statt *apoteka* oder *zračna luka* (Flughafen) für *aerodrom*; sicher auch eine Reaktion auf das „Serbokroatische“, im ehemaligen Jugoslawien offizielle Amtssprache.
Auch wenn das Kroatische und Serbische die gleichen Wurzeln haben, so haben sie sich über die Jahrhunderte hinweg auseinanderentwickelt. Zwar haben sie eine gemeinsame Struktur und einen gemeinsamen Wortschatz, dennoch gibt es große Abweichungen. Begreift man Sprache als Teil der eigenen Identität, ist es verständlich, dass die Kroaten Wert darauf legen, das Kroatische auch als eigenständige Sprache anzusehen und zu bezeichnen.

Ähnlich, aber nicht gleich: Kroatisch/Serbisch
Der auffälligste Unterschied: Serbisch wird sowohl kyrillisch, als auch lateinisch geschrieben, Kroatisch ausschließlich lateinisch. Auch im Wortschatz gibt es große Unterschiede:

Zug
kroat. ***vlak***
serb. ***voz***

Brot
kroat. ***kruh***
serb. ***hleb***

um 10 Uhr
kroat. ***u deset sati***
serb. ***u deset časova***

4

Und los geht's!

Bekannte Sehenswürdigkeiten in Zagreb

Kaptol
Bischofssitz seit 1094 mit der Kathedrale St. Stefan

Regierungsviertel um den Markusplatz *Markov trg* mit der Markuskirche

Maksimir
Der Park ist die älteste Promenade in Südosteuropa; schon im 18. Jahrhundert lustwandelten hier die Flaneure. Heute befindet sich hier der städtische Zoo.

Jarun
Ein Freizeitzentrum mit einem künstlichen „Meer" mit Kiesstrand, für alle, die nicht an die Küste fahren!

Die erste Station ihres Stadtbummels ist für Nina und Teo *Dolac*, der älteste und größte Marktplatz Zagrebs. An den Obst- und Gemüseständen ist einiges los. Nina schaut dem regen Treiben gern zu, auch wenn sie selbst nichts kauft. Gemütlich schlendern Nina und Teo zwischen den Buden herum, bis sie plötzlich vor einem imposanten Bauwerk stehen: *Kakva je ovo crkva?* (Was für eine Kirche ist das?), fragt Nina. *Katedrala* (die Kathedrale), antwortet Teo empört, als könne er gar nicht fassen, dass Nina das Wahrzeichen Zagrebs nicht erkannt hat.
Gerade beginnt eine Führung, der sie sich anschließen. Nina erfährt, dass die St.-Stefans-Kathedrale aus dem 12. Jahrhundert stammt und nach tatarischen Zerstörungen und dem Erdbeben von 1880 im neogotischen Stil komplett wieder aufgebaut worden ist. Bei einem Spaziergang durch das Regierungsviertel und die Oberstadt fallen Nina an manchen Häusern Straßenschilder in Deutsch und Kroatisch auf. Teo erklärt ihr, dass das in der Zeit des österreichischen Kaisers Joseph II. üblich war. Teo ist wirklich ein wandelndes Lexikon! Jetzt wird es aber Zeit für eine Pause. Als könne Teo Gedanken lesen, sagt er: *U parku je najljepše* (Im Park ist es am schönsten). Eine verlockende Aussicht, sich irgendwo im Schatten auszuruhen!

Sviđa mi se

4 A

▶ 1/18

kakav/kakva/kakvo	was für ein/eine
crkva	Kirche
katedrala	Kathedrale, Dom
sviđa mi se	er, sie, es gefällt mir
vrlo	sehr
star/stara/staro	alt
par stoljeća	ein paar Jahrhunderte
stvarno	wirklich
unutra	hinein, drinnen
želiš	du wünschst/möchtest

■ Kakva je ovo crkva?	Was für eine Kirche ist das?
● To je katedrala.	Das ist die Kathedrale.
■ Sviđa mi se.	Gefällt mir.
● Da?	Ja?
■ Je li vrlo stara?	Ist sie sehr alt?
● Ne. Samo par stoljeća.	Nein. Nur ein paar Jahrhunderte.
■ Stvarno?	Wirklich?
● Stvarno, Nina, katedrala je stara samo par stoljeća!	Wirklich, Nina, die Kathedrale ist nur ein paar Jahrhunderte alt!
■ Zanimljivo! Idemo li unutra?	Interessant! Gehen wir hinein?
● Kako želiš.	Wie Du möchtest.

Fragepronomen:
(m) ***kakav:*** was für ein
(f) ***kakva:*** was für eine
(n) ***kakvo:*** was für ein

2 x *par:*
1. ein paar
2. das Paar

***par* + Genitiv Plural**
(n) auf ***-a***
*stoljeć**e**:* das Jahrhundert
*stoljeć**a**:* der Jahrhunderte
***par** stoljeća:* ein paar Jahrhunderte

Frageform von ***biti:*** sein
jesam li: bin ich
jesi li: bist du
je li: ist er/sie/es
jesmo li: sind wir
jeste li: sind Sie/seid ihr
jesu li: sind sie

***željeti:* wünschen/mögen**
želim: ich wünsche, ich möchte
wird konjugiert wie *raditi*
(siehe S. 21)

4 A

Übungen

Mit „mir gefällt…" können Sie einen Small-Talk unverfänglich beginnen …

1. Aufhänger

1/19

*Sviđa mi se **grad**.*

1. grad
2. dijete
3. katedrala
4. Zagreb
5. tvoj prijatelj
6. Teo
7. tvoja torba
8. vrijeme

Es kommt immer auf das Geschlecht an ….

2. Was für eine Übung

***Kakva** je ovo crkva?*

1. _____ je ovo crkva?
2. _____ je ovo fotografija?
3. _____ je ovo pivo?
4. _____ je ovo vrijeme?
5. _____ je ovo auto?

Star, stara, staro – das Adjektiv richtig zugeordnet und Sie sehen nicht mehr alt aus!

3. Ganz schön alt

*Crkva je vrlo **stara**.*

1. Crkva je vrlo
2. Moj prijatelj je vrlo
3. Tvoj auto je vrlo
4. Grad je vrlo
5. Katedrala je vrlo
6. Moja torba je vrlo

Zu jeder Äußerung gibt es nur eine sinnvolle Antwort!

4. Welche Antwort passt?

1. Kakva je ovo crkva?
   a ☐ Vrlo zanimljivo.
   b ☐ To je katedrala.
2. Sviđa mi se.
   a ☐ Dobro jutro.
   b ☐ Da?
3. Je li vrlo stara?
   a ☐ Stvarno?
   b ☐ Ne, samo par stoljeća.
4. Idemo li unutra?
   a ☐ Kako želiš.
   b ☐ Nema problema.

Wenn Sie das alles spontan übersetzen können, dann haben Sie schon sehr viel gelernt! Ausnahmsweise kann auch mal der Schlüssel helfen.

5. Auf Kroatisch bitte

1. Das ist sehr gut.
2. Die Stadt ist sehr schön.
3. Das Wetter ist sehr warm.
4. Der Tag ist sehr sonnig.

Voliš li me?

4 B

1/20

park	Park
najljepše	am schönsten
misliš	du meinst/denkst
stabla	Bäume
mek/meka/meko	weich
trava	Gras
dalje	weiter
leži	er, sie, es liegt
spava	er, sie, es schläft
poetično	poetisch
voliš li me	liebst du mich
glup/glupa/glupo	blöd/dumm
pitanje	Frage

● U parku je najljepše!	Im Park ist es am schönsten!
■ Kako to misliš?	Wie meinst du das?
● Lijepo: stara stabla ...	Schön: alte Bäume ...
■ Što još?	Was noch?
● Meka trava.	Weiches Gras.
■ Kako dalje?	Wie weiter?
● A u travi leži Nina i spava.	Und im Gras liegt Nina und schläft.
■ Ah, to misliš ... vrlo poetično!	Ah, das meinst du ... sehr poetisch!
● Voliš li me još?	Liebst du mich noch?
■ Glupo pitanje!	Blöde Frage!

Plural
(Adjektive + Substantive)
(m) auf ***-i***
stari prijatelji: alte Freunde
(f) auf ***-e***
stare torbe: alte Taschen
(n) auf ***-a***
stara stabla: alte Bäume
glupa pitanja: blöde Fragen

Achtung **Lautänderungen**!
vor i wird *g* → *z*
und *k* → *c*
kovčeg → *kovčezi*
hladnjak → *hladnjaci*

spavati:	schlafen
*spava**m**:*	ich schlafe
*spava**š**:*	du schläfst
spava:	er/sie/es schläft
*spava**mo**:*	wir schlafen
*spava**te**:*	ihr schlaft/ Sie schlafen
*spava**ju**:*	sie schlafen

misliti:	denken/meinen
*misli**m**:*	ich denke

ležati:	liegen
ležim:	ich liege

voljeti:	lieben
*voli**m**:*	ich liebe

werden wie *raditi* konjugiert (S. 21)

Übungen

Erinnern Sie sich noch an den Lokativ? Wenn nicht, dann sehen Sie noch einmal auf S. 21 nach.

1. Wo gefällt es Ihnen am besten?

***U** parku je najljepše.*

1. park
2. Zagreb
3. katedrala
4. auto
5. grad

Können Sie die deutsche Bedeutung zuordnen?

2. Verknüpfen Sie!

1. vrlo
2. dalje
3. glupo
4. još

a ☐ weiter
b ☐ blöd/dumm
c ☐ noch
d ☐ sehr

Die manchmal alles entscheidende Frage ...
Männer fragen 1.–4.
Frauen 5.–8., es sei denn ...

3. Liebst du mich?

▶ 1/21

***Voliš li me,** Nina?*

1. Nina
2. Ana
3. Petra
4. Marija
5. Branko
6. Franjo
7. Teo
8. Toni

Sollte die Antwort wider Erwarten negativ ausfallen, wissen Sie warum!

4. Nicht so nett

*Nina je **glupa**.*

1. Nina
2. Ana
3. Petra
4. Marija
5. Branko
6. Franjo
7. Teo
8. Toni

Eine richtig schöne Stadt

4

In der Hauptstadt Kroatiens, idyllisch gelegen zwischen dem Berg *Medvednica* und der *Save*, gibt es viel Interessantes zu entdecken. Für einen Besuch sollte man sich ruhig ein paar Tage Zeit nehmen. Architekturfreunde werden an der Vielfalt der unterschiedlichen Baustile ihre Freude haben, Kulturliebhaber kommen ebenfalls auf ihre Kosten: Zagreb beherbergt mehr als zwanzig Museen, über dreißig Galerien, achtzehn Theater, mehrere Konzertsäle und etliche Kinos. Wer nach so viel Kultur ein wenig verschnaufen möchte, der sollte einen der zahlreichen Plätze in der Innenstadt aufsuchen. Die Plätze sind echte Oasen im Großstadttrubel: Viele haben einen Springbrunnen und überall gibt's Cafés.
Besonders schön an Zagreb sind die grünen Farbtupfer inmitten der Stadt: Parks und Grünanlagen laden zum Spazierengehen oder Ausruhen ein. Nach einer Fahrt mit der historischen Seilbahn, der *Uspinjača*, in die Oberstadt hat man einen wunderbaren Ausblick auf die gesamte City.

Knapp eine Million Menschen leben in Zagreb. Etwas außerhalb befindet sich das Industriegebiet, wo u. a. auch die Hersteller des berühmten Pflaumenschnapses *(šljivovica)* angesiedelt sind.

Bekannt ist Zagreb auch für seine Zeichentrickfilmproduktion. Alle zwei Jahre findet hier das Internationale Festival des Animationsfilmes statt.

Wichtig nicht nur für Kroatiens Wirtschaft: die Internationale Zagreber Herbstmesse, die seit 1909 jährlich stattfindet.

T

Test 1

Hier geht's um landeskundliche Hintergrundinfos. Sie sind besonders nützlich, wenn Sie Kroatien auf eigene Faust erkunden.

1. Welche Antwort stimmt?

1. Die Plitwitzer Seen waren Filmkulisse für ...
   a ☐ James Bond.
   b ☐ Winnetou.
   c ☐ Pan Tau.

2. *Maksimir* ist der ...
   a ☐ Zagreber Zentralfriedhof.
   b ☐ Park in Zagreb, in dem sich auch der Zoo befindet.
   c ☐ der Zagreber Flughafen.

3. In Kroatien wird folgende Schrift benutzt ...
   a ☐ kyrillisch.
   b ☐ lateinisch.
   c ☐ arabisch.

4. Die *uspinjača* ist ...
   a ☐ ein Pflaumenschnaps.
   b ☐ die Zagreber Altstadt-Seilbahn.
   c ☐ eine berühmte Kathedrale.

5. Amtssprache in Kroatien ist ...
   a ☐ serbokroatisch.
   b ☐ kroatisch.
   c ☐ altkirchenslavisch.

6. Hinter *Nijemci* (Deutsche) versteckt sich die Bedeutung ...
   a ☐ schön.
   b ☐ groß.
   c ☐ stumm.

Fragen und Antworten sind Ihnen aus den Lektionen bekannt. Nur was gehört noch mal zusammen?

2. Fragen und Antworten

1. Kamo putujete?	a ☐ Glupo pitanje.
2. Kako si?	b ☐ Sigurno.
3. Tko je ovo na fotografiji?	c ☐ Katedrala.
4. Imaš li sve?	d ☐ Hvala, dobro.
5. Kakva je ovo crkva?	e ☐ To je moj prijatelj.
6. Voliš li me još?	f ☐ Putujem u Zagreb.

3. Was fehlt?

1. Vološ __ me još?
   a ☐ to
   b ☐ li
   c ☐ u

2. Ja __ zovem Nina Lang.
   a ☐ još
   b ☐ i
   c ☐ se

3. Idemo __ grad.
   a ☐ na
   b ☐ u
   c ☐ i

4. Gdje je tvoj_ torba?
   a ☐ a
   b ☐ i
   c ☐ e

5. ____ u Zagreb.
   a ☐ Spavam
   b ☐ Putujem
   c ☐ Radim

6. Ti si sigurno ____, Nina.
   a ☐ umoran
   b ☐ umorna
   c ☐ umorno

Pedanten gefragt. Hier geht es um die richtigen Wörter oder einzelne Buchstaben, die den Sätzen oder Fragen aber erst Sinn geben.

4. Wie sagt man auf Kroatisch?

1. Guten Tag.
2. Wohin reisen Sie?
3. Ich heiße ...
4. Angenehm.
5. Wie geht es dir?
6. Danke, gut.
7. Interessant!

Hätten Sie das gedacht? Nach nur vier Lektionen können Sie sich schon an einem Smalltalk beteiligen!

5

Was essen wir heute?

Kroatisch international
autobus
desert
e-mail
film
frizura
internet
kilo
kilogram
lift
program
restoran
sms
snack bar
sport

1/22

Es ist spät geworden und Ninas Magen knurrt schon laut und vernehmlich. Auf dem Heimweg denkt Teo über das Essen nach: *Je li danas petak, Nina?*(Ist heute Freitag, Nina?), fragt er unvermittelt. Nina schaut ihn verwundert an: *Ne, danas je četvrtak* (Nein, heute ist Donnerstag), Teo erklärt, dass er freitags gewöhnlich im *Restaurant Split* Fisch isst. Heute muss ihm also etwas anderes einfallen. Einen Besuch bei McDonalds lehnt Nina zwar ab, aber gegen eine Snack-Bar hat sie nichts einzuwenden. Sie sind heute schon an vielen der kleinen Imbissbuden vorbeigekommen. Dort gibt es nicht nur einen schnellen Kaffee im Stehen, sondern auch leckere kleine Gerichte und Sandwiches.
Nina fällt ein, dass sie als Kind im Urlaub gerne *burek* gegessen hat. Diese köstlichen, mit Hackfleisch, Käse oder Äpfeln gefüllten Teigtaschen machen satt, sind preiswert und man bekommt sie fast überall. Jetzt heißt es nur, die richtige Wahl treffen. Am Ende lassen sie sich einen *burek* von jeder Sorte einpacken. Zu guter Letzt schlägt Teo vor, sich in einer nahegelegenen Eisdiele noch ein Dessert zu holen. Nina überschlägt im Geiste schon den Kaloriengehalt ihres Abendessens, aber die Laune wird sie sich davon bestimmt nicht verderben lassen!

Je li danas petak?

5 A

▶ 1/23

danas	heute
petak	Freitag
nije	er, sie, es ist nicht
četvrtak	Donnerstag
zašto	warum
petkom	freitags
nudi	er, sie, es bietet (an)
dobru ribu	guten Fisch
rado	gerne
jedem	ich esse
sutra	morgen
jesti	essen

● Je li danas petak, Nina?	Ist heute Freitag, Nina?
■ Ne, danas nije petak, danas je četvrtak.	Nein, heute ist nicht Freitag, heute ist Donnerstag.
● Ah, tako.	Ach so.
■ Zašto?	Warum?
● Petkom *Split* nudi dobru ribu, a ja petkom rado jedem ribu.	Freitags bietet *Split* guten Fisch, und ich esse freitags gerne Fisch.
■ Petkom ideš u *Split*!?	Freitags fährst du nach *Split*!?
● Ne, *Split* je u Zagrebu.	Nein, *Split* ist in Zagreb.
■ Kako to misliš: *Split* je u Zagrebu?	Wie meinst du das: *Split* ist in Zagreb?
● *Split* je restoran u Zagrebu.	*Split* ist ein Restaurant in Zagreb.
■ Stvarno?	Wirklich?
● Da. Idemo li sutra u *Split* jesti ribu?	Ja. Gehen wir morgen ins *Split* Fisch essen?
■ Rado!	Gerne!

Vom Fahren und Gehen
zu einem bestimmten Ziel fahren: wird mit ***ići*** (gehen) ausgedrückt:

*Sutra **idem** u Split:*
Morgen **fahre** ich nach Split.

Tage der Woche

ponedjeljak:	Montag
utorak:	Dienstag
srijeda:	Mittwoch
četvrtak:	Donnerstag
petak:	Freitag
subota:	Samstag
nedjelja:	Sonntag

Verneinende Formen von *biti*

nisam:	ich bin nicht
nisi:	du bist nicht
nije:	er/sie/es ist nicht
nismo:	wir sind nicht
niste:	ihr seid nicht/ Sie sind nicht
nisu:	sie sind nicht

nuditi: (an)bieten
*nud**im***: ich biete (an)
weiter wie *raditi* (S. 21)

jesti: essen
*jed**em***: ich esse
weiter wie *ići* (S. 15)

5 A

Übungen

Machen Sie sich mit den Wochentagen vertraut, damit Ihnen am Kiosk keiner eine Zeitung von gestern andreht!

1. ... an den Tag bringen

*Danas je **utorak**, a sutra je **srijeda**.*

1. utorak – srijeda
2. četvrtak – petak
3. subota – nedjelja
4. ponedjeljak – utorak
5. srijeda – četvrtak
6. petak – subota
7. nedjelja – ponedjeljak

Was die Damen nicht sind, steht da. Wie sagen es die Herren? Achtung: die Tücke liegt im Detail.

2. Sagen Sie es männlich!

1/24

*Nisam **glup**.*

1. Nisam glupa.
2. Nisam stara.
3. Nisam gladna.
4. Nisam žedna.
5. Nisam umorna.

Und was macht den Freitag für Sie so besonders?

3. Immer wieder freitags

***Petkom** jedem ribu.*

1. jedem ribu
2. je vrijeme lijepo
3. idem šetati
4. dobro spavam
5. idem u restoran jesti

Na, sitzen die Vokabeln schon?

4. Auf Deutsch

1. Rado jedem ribu.
2. Rado radim.
3. Rado idem šetati.
4. Rado ležim u travi.
5. Rado spavam.

Dobar tek!

1/25

tek	Appetit
zaboga	um Gottes willen
prstima	mit den Fingern
oprosti	entschuldige
ali	aber
uvijek	immer
nisi	du bist nicht
kod kuće	zu Hause
nego	sondern
priborom	mit dem Besteck
sada	jetzt
radije	lieber
kavu	einen Kaffee

● Dobar tek, Nina!	Guten Appetit, Nina!
■ Dobar tek, Teo!	Guten Appetit, Teo!
● Riba je odlična.	Der Fisch ist ausgezeichnet.
■ Zaboga, Teo, ti jedeš prstima!	Um Gottes willen, Teo, du isst mit den Fingern!
● Oprosti, Nina, ali ja ribu uvijek jedem prstima.	Entschuldige, Nina, aber ich esse Fisch immer mit den Fingern.
■ Ali, Teo, ti nisi kod kuće nego u restoranu! Zašto ne jedeš priborom?	Aber Teo, du bist nicht zu Hause, sondern im Restaurant! Warum isst du nicht mit dem Besteck?
● Dobro, oprosti! Tako, sada i ja jedem priborom.	Gut, entschuldige! So, jetzt esse ich auch mit Besteck.
■ Hvala, to mi se sviđa!	Danke, das gefällt mir.
● Zeliš li desert, Nina?	Möchtest du ein Dessert, Nina?
■ Da, rado, a ti?	Ja, gerne, und du?
● Ne, radije kavu.	Nein, lieber einen Kaffee.

Instrumental
antwortet auf die Frage **womit**?

Singular (m), (f), (n)
auf ***-om***
pribor → *pribor**om***
Besteck → mit dem Besteck
torba → *torb**om***
Tasche → mit der Tasche
pivo → *piv**om***
Bier → mit dem Bier

Plural (m)
auf ***-ima***
prsti → *prst**ima***
die Finger → mit den Fingern

Verneinung der Verben
***ne** jedem:*
ich esse nicht
***ne** spavam:*
ich schlafe nicht
***ne** radim:*
ich arbeite nicht

ne steht immer **vor dem Verb**

Entschuldigung ...
oprosti: entschuldige
oprostite: entschuldigen Sie

Ich möchte
***želim, želiš** ...* **+ Akkusativ**
Was man wünscht, steht im Akkusativ

želim kavu:
Ich möchte einen Kaffee.

Übungen

Höfliche Fragen: *Oprostite* als Einleitung zeugt von einer guten Kinderstube!

1. Entschuldigen Sie ...

1/26

***Oprostite**, govorite li hrvatski?*

1. ______ govorite li hrvatski?
2. ______ želite li desert?
3. ______ gdje radite?
4. ______ kako se zovete?
5. ______ kamo putujete?

Mit *ne* vor dem Verb drücken Sie aus, was Sie alles nicht tun.

2. Absagen

***Ne putujem** u Zagreb.*

1. Putujem u Zagreb.
2. Govorim hrvatski.
3. Idem u grad.
4. Jedem ribu.
5. Ležim u travi.
6. Spavam u parku.

Der richtige Ausdruck zur richtigen Zeit kann Wunder wirken.

3. Auf Kroatisch

1. Guten Appetit!
2. Entschuldige!
3. Um Gottes willen!
4. Entschuldigen Sie.
5. Das gefällt mir.

Wenn Sie bisher nicht faul, sondern fleißig waren, gibt's mit *nisam* und *nego* keine Probleme!

4. Ich bin nicht ... , sondern ...

***Nisam** u Zagrebu, **nego** u Splitu.*

1. u Zagrebu – u Splitu
2. kod kuće – u restoranu
3. žedan – gladan
4. glup – umoran
5. gospođa – gospođica

Sagen Sie ruhig, was Sie möchten, meistens hilft's.

5. Ich möchte ...

1/27

***Želim** kavu.*

1. kavu
2. pivo
3. desert
4. raditi
5. spavati
6. jesti

Lecker, lecker

5

Kroatien ist in kultureller und auch in kulinarischer Hinsicht eine Reise wert. Egal in welcher Region des Landes – lecker essen kann man überall.
Sag mir, was du isst, und ich sag dir, wo du bist! Regionale Vorlieben für bestimmte Gerichte wurden immer auch von benachbarten Länder mitgeprägt. Im Landesinneren ist die Küche vor allem eins: deftig! Fleischgerichte werden gern mit Kartoffeln, Kohl oder Paprika kombiniert (Ungarn lässt grüßen!). Auch Hülsenfrüchte wie Bohnen, Linsen und Graupen sind beliebte Zutaten. Wer anschließend noch Hunger hat, kommt beim Nachtisch auf seine Kosten: Strudelspezialitäten mit Käse, Butter und Sauerrahm nach Wiener Manier, Biskuits mit gehaltvollen Cremes ...
Spätestens wenn die Hosen kneifen, sollte man schleunigst in die Küstenregion aufbrechen: dort wird's in jeder Hinsicht mediterran: Fisch und Meeresfrüchte in reichhaltiger Auswahl, Lamm, Gemüse. In Dalmatien ist Mangold mit Olivenöl und Knoblauch besonders beliebt. Für „Inländer" ist das natürlich kein richtiges Essen, und so werden die Dalmatiner als *blitvari* (Mangoldfresser) verspottet.

Weinbaugebiete

Zagorje (Hügelland um Zagreb)

Slawonien
Weißweine wie *Graševina*, Riesling

Dalmatien
Pelješac (Halbinsel), *Hvar, Krk:*
schwere Rotweine wie *Plavac, Postup*

Istrien
Weißwein *Malvazija*, aber auch Merlot

Vegetarier
werden in vielen Restaurants leider als Randerscheinungen betrachtet, so dass sie oft nicht mehr als die Qual der Wahl zwischen Beilagen und Weißbrot haben, das zu jedem Gericht gereicht wird.

6

Großeinkauf

Kaffee
Wer in Kroatien *kavu* (einen Kaffee) bestellt, bekommt einen starken Mokka vorgesetzt.
Kava wird immer und überall getrunken. Das erklärt, warum es sogar an den ungemütlichsten Orten gut besuchte *caffee bars* gibt.

Am Samstagmorgen beim Frühstück fällt Teo ein: *Danas moramo ići u kupovinu* (Heute müssen wir einkaufen gehen). Den wöchentlichen Großeinkauf mag Nina gar nicht. Sie hasst es, sich durch überfüllte Geschäfte zu drängen. Ziemlich lustlos fragt sie daher: *Što sve trebamo?* (Was brauchen wir alles?)
Auf dem Markt kaufen sie Obst und Gemüse, es ist frischer, aber auch teurer als im Supermarkt. Danach fahren sie in ein Einkaufszentrum am Stadtrand. Nina wundert sich, dass so wenig los ist.
Do kada su otvorene trgovine? (Bis wann haben die Geschäfte geöffnet?), fragt sie Teo. Er erklärt ihr, dass viele Geschäfte rund um die Uhr, mindestens aber bis 22 Uhr geöffnet sind.
Das Angebot im Einkaufszentrum ist überwältigend und Nina findet sogar ihr Rosenshampoo, das es in Deutschland nicht überall gibt. Allerdings ist es um einiges teurer, wie andere importierte Ware auch. Während Teo die Einkäufe an der Kasse bezahlt, räumt Nina die Sachen zurück in den Wagen.
Im Eingangsbereich gibt es ein kleines Café und Teo schlägt vor, noch kurz einzukehren. Er ist wirklich ein passionierter Kaffeetrinker und kann das schwarze Gebräu offenbar stündlich in sich hineinkippen!

Moramo ići u kupovinu

6 A

1/28

moramo	wir müssen
ići u kupovinu	einkaufen gehen
trebamo	wir brauchen
namirnice	Lebensmittel
trebam	ich brauche
kozmetika	Kosmetikartikel
čemu	wozu
prestani	hör auf
do kada	bis wann
otvoren/otvorena/-o	geöffnet, offen
trgovine	die Geschäfte
neke	einige

● Danas moramo ići u kupovinu.	Heute müssen wir einkaufen gehen.
■ Što sve trebamo?	Was brauchen wir alles?
● Namirnice.	Lebensmittel.
■ Ah, ja trebam i kozmetiku.	Ach, ich brauche auch Kosmetika.
● Čemu kozmetika, Nina? Ti si i tako lijepa!	Wozu Kosmetika, Nina? Du bist auch so schön!
■ Oooh, Teo, prestani!	Oooh, Teo, hör auf!
● Dobro, dobro ... !	Gut, gut ...!
■ Do kada su otvorene trgovine?	Bis wann sind die Geschäfte geöffnet?
● Neke non-stop.	Einige nonstop.
■ To je super!	Das ist super!

***trebati:* brauchen**
*treb**am**:* ich brauche

***morati:* müssen**
*mor**am**:* ich muss
Beide weiter wie *spavati* (S. 29)

***morati* + Infintiv**
moram raditi:
ich muss arbeiten
moram spavati:
ich muss schlafen

trebati **+ Akkusativ**
*trebam kav**u**:*
ich brauche Kaffee
trebam kovčeg:
ich brauche den Koffer

***prestani* + Infinitiv**
aufhören zu ...
prestani jesti:
hör auf zu essen
prestani govoriti:
hör auf zu reden/sprechen

6 A

Übungen

Sie müssen nur die richtigen Endungen einsetzen. Hilfe finden Sie auf S. 41.

1. Die Pflicht ruft

*Ana **mora** ići u grad.*

1. Ana mor__ ići u grad.
2. Nina i ja mor__ putovati u Zagreb.
3. Vi mor__ govoriti hrvatski.
4. Ti mor__ ići u kupovinu.
5. Ja mor__ spavati.
6. Anđela i Mateja mor__ raditi u Splitu.

Hier handelt es sich um unmissverständliche Aufforderungen!

2. Hör auf!

***Prestani** jesti prstima!*

1. jesti prstima!
2. govoriti njemački!
3. spavati!
4. raditi!
5. piti pivo!

Jedem das Seine – aber bitte immer mit Akkusativ.

3. Ich brauche ...

1/29

***Trebam** torbu.*

1. torba
2. pivo
3. kava
4. fotografija
5. auto
6. namirnice
7. kozmetika
8. kovčeg

Muss das alles wirklich sein? Fragen Sie mit: *moraš li* + Infintiv.

4. Musst du ...?

*Nina, **moraš li** ići u kupovinu?*

1. Nina – ići u kupovinu
2. Mirko – putovati u Njemačku
3. Marija – govoriti njemački
4. Ana – danas raditi
5. Toni – jesti prstima

Bei der Übersetzung hilft der letzte Dialog weiter!

5. Und auf Kroatisch?

1. einkaufen gehen
2. Teo, hör auf
3. was brauchen wir
4. Lebensmittel
5. bis wann

Koliko košta kruh?

6 B

1/30

jagode	Erdbeeren
koliko	wie viel
koštaju	sie kosten
četiri eura	vier Euro
skup/skupa/skupo	teuer
jabuke	Äpfel
jeftin/jeftina/jeftino	billig
misliti na	denken an
kruh	Brot
znam	ich weiß
košta	er, sie, es kostet
dva eura	zwei Euro

● Jagode su dobre, Nina.	Die Erdbeeren sind gut, Nina.
■ Da, a koliko koštaju?	Ja, aber wie viel kosten sie?
● Četiri eura kilogram.	Vier Euro das Kilogramm.
■ Nisu skupe.	Sie sind nicht teuer.
● Koliko trebamo?	Wie viel brauchen wir?
■ Ja mislim samo kilo.	Ich denke, nur ein Kilo.
● Što još trebamo?	Was brauchen wir noch?
■ Jabuke. Vrlo su jeftine.	Äpfel. Sie sind sehr billig.
● Da.	Ja.
■ Moramo misliti na kruh.	Wir müssen an Brot denken.
● Znam!	Ich weiß!
■ Koliko košta kruh?	Wie viel kostet das Brot?
● Dva eura.	Zwei Euro.

Zahlen von 0–12 1/31

0: *nula*
1: *jedan/jedna/jedno*
2: *dva/dvije/dva*
3: *tri*
4: *četiri*
5: *pet*
6: *šest*
7: *sedam*
8: *osam*
9: *devet*
10: *deset*
11: *jedanaest*
12: *dvanaest*

eins und **zwei** funktionieren wie Adjektive

***koštati:* kosten**
*košt**a**:* er, sie, es kostet
*košt**aju**:* sie kosten

Koliko eura košta?
Wie viel Euro kostet?

Achtung:
1: + Akkusativ
*To košta jedan eur**o**.*
2–4: + Genitiv Singular
*To košta dva/tri/četiri eur**a**.*
5–12: + Genitiv Plural
*To košta pet/šest ... eur**a**.*

***znati:* wissen**
*zn**am**:* ich weiß
weiter wie *spavati* (S. 29)

***misliti na* + Akkusativ**
Mislim na mamu.
Ich denke an Mama.

Übungen

Genug Geld dabei? Fragen Sie, wie viel es kostet, aber Achtung: Singular: *košta* Plural: *koštaju*

1. Wie viel kostet ...?

1/32

*Koliko košta **kruh**?*

1. kruh
2. jagode
3. kava
4. jabuke
5. pivo
6. riba
7. torbe
8. kovčeg

Kennen Sie noch Graf Zahl? Dem machten Zahlen riesig Freude!

2. Die richtige Zahl

1. sieben
   a ☐ jedno
   b ☐ sedam
2. fünf
   a ☐ pet
   b ☐ koliko
3. neun
   a ☐ euro
   b ☐ devet
4. zehn
   a ☐ deset
   b ☐ dvije

Hier gilt es, sich beim Einkauf zurückzuhalten.

3. Alles lieb und teuer

*Kruh nije **jeftin**, nego **skup**.*

1. kruh
2. jabuke
3. kava
4. jagode
5. riba
6. namirnice
7. kozmetika

Typische Männerfrage: Weißt du, wo ...?

4. Weißt du, wo ...?

***Znaš li** gdje je torba?*

1. Gdje je torba?
2. Gdje su jabuke?
3. Gdje je kruh?
4. Gdje su jagode?
5. Gdje je pivo?

Shopping

Seit Ende der 1990er Jahre siedeln sich Supermärkte und Einkaufszentren deutscher und österreichischer Ketten in Kroatien geradezu flächendeckend an. Mehr und mehr übernehmen nun auch heimische Investoren die Konsumtempel nach westlichem Vorbild. Nicht nur in der Hauptstadt, sondern auch in kleineren Orten kann man seine Einkäufe sogar am Sonntag zeitlich sehr flexibel erledigen. Das Angebot der Supermärkte besteht zum großen Teil aus Importware made in Germany oder Italy. Was das Käuferherz, weniger das Portemonnaie erfreut, ist ein Problem für die einheimische Produktion. Es gibt fast nichts, was nicht importiert wird.
Slawonien gilt als die Kornkammer Kroatiens, trotzdem werden Teigwaren, teils minderwertiger Qualität, aus Italien eingeführt, die dort – dank EU-Subventionen – billiger produziert werden. Die Olivenhaine in Dalmatien verkümmern seit Jahrzehnten, weil sich der aufwändige Anbau von Oliven nicht lohnt; italienisches Olivenöl hingegen bekommt man im Supermarkt ...
Auch wenn man in Zagreb, dem Shoppingparadies schlechthin, so gut wie alles kaufen kann, nutzen viele Kroaten die Möglichkeit, im nahegelegenen Ungarn oder in Österreich einzukaufen. In Ungarn sind besonders Lebensmittel, aber auch Haushaltsartikel um einiges billiger.

Keinen müden Marder mehr – Euro statt Kuna!
Vor der Währungsumstellung auf den Euro im Jahr 2023 hatte Kroatien als Währung die *Kuna*. Ihren Namen verdankte sie einem possierlichen Tier, dessen Fell vor langer Zeit ein gebräuchliches Zahlungsmittel war, dem Edelmarder. Auch klingelt seit der Umstellung das Kleingeld nicht mehr als *Lipa* (Linde) im Portemonnaie.

7

Ein ruhiger Abend

Fernsehen
In vielen kroatischen Haushalten ist der Fernseher so etwas wie ein zusätzliches Familienmitglied. Oft läuft er als Geräuschkulisse im Hintergrund, selbst wenn Besuch da ist.
Kroaten sind wahre Soap-Fans, türkische Telenovelas erfreuen sich insbesondere bei älteren Frauen größter Beliebtheit, obwohl sie nur untertitelt, nicht synchronisiert sind. Kroatische Soap-Eigenproduktionen wiederum erfreuen sich in manchen Ländern der Dritten Welt an Beliebtheit.
Die nachmittägliche Serie ist Kult, so dass es als wirklich unhöflich empfunden wird, zur Sendezeit anzurufen oder gar vorbeizuschauen!

Die letzten zwei Tage waren Nina und Teo viel unterwegs. Heute hat Nina Lust auf einen ruhigen Abend. *Što ima večeras na televiziji?* (Was gibt es heute abend im Fernsehen?), fragt sie. Teo raschelt umständlich mit der Zeitung. *U pola osam Dnevnik, u osam film, a u deset nogomet* (Um halb acht die Tagesschau, um acht einen Film und um zehn Fußball), lautet die Auskunft. *Kako se zove film?* (Wie heißt der Film?), möchte Nina wissen. Titanic hat sie zwar schon gesehen, sie lässt sich aber gern nochmal auf 3 Stunden ungetrübte Romantik ein.
Während Nina sich die letzten Tränen trocknet und geräuschvoll die Nase putzt, starrt Teo schon gebannt auf den Bildschirm, auf dem gerade die zweite Halbzeit angefangen hat. Typisch Mann! Nina inspiziert die CDs auf dem Regal über der Stereoanlage, da sie aber keinen Kopfhörer findet, muss sie sich wohl oder übel mit der lautstarken Berichterstattung aus dem Stadion abfinden. Sie beschließt, noch ein wenig Zeitung zu lesen. Besonders die Veranstaltungstipps interessieren sie immer. So kann Teo ungestört Fußball gucken.
Ein markerschütternder Schrei reißt Nina aus ihrer Lektüre. Offenbar hat die falsche Mannschaft ein Tor geschossen. Ob jetzt Teo ein Taschentuch braucht?

Što ima na televiziji?

7A

1/33

ima	es gibt
večeras	heute Abend
na televiziji	im Fernsehen
možda	vielleicht
nešto	etwas
u pola osam	um halb acht
Dnevnik	Tagesschau
u osam	um acht
u deset	um zehn
nogomet	Fußball
pravo	Recht

■ Što ima večeras na televiziji?	Was gibt es heute Abend im Fernsehen?
● Ne znam. Moram pogledati u program.	Ich weiß nicht. Ich muss im Programm nachschauen.
■ Možda ima nešto zanimljivo?	Vielleicht gibt es etwas Interessantes?
● U pola osam Dnevnik, u osam film, a u deset nogomet.	Um halb acht die Tagesschau, um acht einen Film und um zehn Fußball.
■ Kako se zove film?	Wie heißt der Film?
● Titanik.	Titanic.
■ Teo, film je super!	Teo, der Film ist super!
● Misliš?	Meinst du?
■ Ti znaš da ja uvijek imam pravo ...	Du weißt, dass ich immer Recht habe ...

Das Verb *imati*: haben wird konjugiert wie *spavati* (S. 29)

2 x *ima*:
1. er, sie, es hat
2. es gibt

Achtung: die verneinenden Formen von *imati* sind unregelmäßig
imam → ***ne**mam*
imaš → ***ne**maš*
ima → ***ne**ma*
imamo → ***ne**mamo*
imate → ***ne**mate*
imaju → ***ne**maju*

Um wie viel Uhr
***u* + Zahl: um**
***u jedan**:* um eins
***u dva**:* um zwei
u tri
u četiri
u pet
usw.
***u pola jedan**:*
um halb eins usw.

Weitere Möglichkeiten der Zeitangabe findet man auf S. 119.

7 A

Übungen

Hier geht's um die korrekte Form des Verbs *imati*. Hilfe gibt's auf S. 47.

1. Wer hat Recht?

*Anna **ima** pravo.*

1. Anna im__ pravo.
2. Nina i ja im___ pravo.
3. Vi im___ pravo.
4. Ti im__ pravo.
5. Ja im__ pravo.
6. David i Miho im___ pravo.

Sprechen Sie einfach nach.

2. Heute Abend

1/34

***Večeras** idem u grad.*

1. idem u grad
2. moram raditi
3. idem u restoran jesti
4. putujem u Njemačku
5. idem u osam spavati

Bei so einem tollen Programm ist der Tag ja gerettet ...

3. Heute im Fernsehen

***U jedan** je nogomet.*

1. U 1 je nogomet.
2. U 2 je Tatort.
3. U 5 je jedan film.
4. U 8 je Dnevnik.
5. U 10 je James Bond.

Nanu, hier ist wohl etwas in Unordnung geraten. Wie lautet die amtliche Übersetzung?

4. Die deutsche Entsprechung zuordnen

1. možda	a ☐ Fußball
2. program	b ☐ Tagesschau
3. nešto	c ☐ halb acht
4. nogomet	d ☐ vielleicht
5. Dnevnik	e ☐ etwas
6. pola osam	f ☐ Programm

Čiji je to televizor?

1/35

čiji/čija/čije	wessen
televizor	Fernseher
Goranov/Goranova/Goranovo	Gorans
igraća konzola	Spielkonsole
komu	wem
pripada	gehört
stereouređaj	Stereoanlage
meni	mir
loš/loša/loše	schlecht, übel
daj	komm
rabljen/rabljena/rabljeno	gebraucht

■ Čiji je ovo televizor?	Wessen Fernseher ist das?
● To je Goranov televizor.	Das ist Gorans Fernseher.
■ A igraća konzola?	Und die Spielkonsole?
● Moja.	Meine.
■ A komu pripada stereouređaj?	Und wem gehört die Stereoanlage?
● Meni.	Mir.
■ Nije loše!	Nicht schlecht!
● Daj, Nina, to je sve rabljeno.	Komm, Nina, das ist alles gebraucht.

Goranov, Goranova, Goranovo: Gorans ...
Aus männlichen Namen wird durch die Endung ***-ov, -ova, -ovo*** ein besitzanzeigendes Adjektiv:
*Goran**ov** kovčeg*
Gorans Koffer
*Goran**ova** torba*
Gorans Tasche
*Goran**ovo** pivo*
Gorans Bier

***pripadati:* gehören**
*pripad**am**:* ich gehöre
weiter wie *spavati* (S. 29)

Dativ (Wemfall)
Dativendung = Lokativendung (s. S. 21)
(m) ***-u***
(f) ***-i***
(n) ***-u***

***pripadati* + Dativ**
*To pripada Te**u**.*
Das gehört Teo.

Achtung:
Namen werden auch dekliniert: *To pripada Teu, Nini, Goranu ...*

daj: komm, hör auf! (wörtlich: gib)

7 B

Übungen

Ob *čiji, čija* oder *čije* hängt davon ab, ob der Besitz (nicht der Besitzer!) männlich, weiblich oder sächlich ist.

1. Wessen ... ist das?

1/36

***Čiji** je to televizor?*

1. televizor
2. torba
3. dijete
4. pivo
5. igraća konzola
6. prijatelj
7. stereouređaj
8. auto

Hier geht's um die entsprechende Endung des besitzanzeigenden Adjektivs von Goran.

2. Gorans Welt

*Goran**ova** mama.*

1. Goran___ mama.
2. Goran___ prijatelj.
3. Goran___ televizor.
4. Goran___ dijete.
5. Goran___ stereouređaj.
6. Goran___ auto.
7. Goran___ torba.
8. Goran___ igraća konzola

Trainieren Sie Ihren aktiven Wortschatz.

3. Übersetzen Sie

1. Nicht schlecht.
2. Das Auto ist gebraucht.
3. Das ist Gorans Fernseher.
4. Die Tasche gehört Nina.
5. Wessen Kaffee ist das?

Gehört das alles Teo? Nach *pripada* kann nur der Dativ stehen!

4. Wem gehört ...

1/37

*Televizor pripada **Teu**.*

1. televizor pripada
2. kovčeg pripada
3. torba pripada
4. stereouređaj pripada
5. auto pripada
6. igraća konzola pripada

Kleider machen Leute

7

Als Hochburg der Haute-Couture ist Kroatien nicht gerade bekannt, doch findet man in der kroatischen Hauptstadt ähnlich viele Designerboutiquen wie in München, Köln oder Berlin. Auch in Split kann man sich prima mit hochwertiger Mode eindecken, kein Wunder, dass man dort so viele gutgekleidete Frauen sieht.
Gerade jüngere Leute legen viel Wert auf schicke Klamotten und ziehen auch dann Markenware vor, wenn es das Portemonnaie eigentlich nicht erlaubt. Nur Touristen wundern sich über den diskreten Hinweis auf mögliche Ratenzahlung in den noblen Läden der vornehmen Einkaufspassage *Importanne centar* in Zagreb. In Kroatien wird vieles auf Pump gekauft. Selbst Studenten mit wenig Geld sparen lieber am Essen, als dass sie auf modische Kleidung verzichten.
Günstige Kleidung findet man an den Ständen fliegender Händler auf dem Markt. Für Familien mit Kindern sind sie oft einzige Alternative zu den teuren Geschäften in der Altstadt.
Als modischer Vorreiter erwies Kroatien sich übrigens im 17. Jahrhundert: Kroatische Soldaten trugen am Hofe Ludwigs XIV. rote Tücher um den Hals, von deren spezieller Bindetechik – à la Croate – der Name Krawatte abgeleitet ist.

Mode
In den letzten Jahren hat sich in Kroatien eine lebendige Modeszene entwickelt. In Shopping-Malls und Outletcentren findet man internationale Modemarken und Ketten wie in anderen europäischen Großstädten – es gibt aber auch talentierte kroatische Designer wie Damir Doma, der in der Modeszene als „bayerischer Armani" gehandelt wird – wuchs er doch als Sohn kroatischer Eltern im Chiemgau auf.

8

Abkühlung gefällig?

Summer in the city ...
Während der Sommerferien wirkt Zagreb an manchen Tagen wie ausgestorben. Viele Zagreber haben Ferienhäuschen am Meer und entfliehen übers Wochenende der Schwüle der Stadt. Daheimgebliebene stürmen Schwimmbäder und Freizeiteinrichtungen. Wer arbeiten muss, dem hilft nichts außer: Rolläden runter und einen Getränkevorrat im Kühlschrank deponieren!

Als Nina am Morgen aufwacht, fühlt sie sich reichlich zerknittert. In der Nacht war es in der Mansarde trotz der geöffneten Fenster fürchterlich schwül und auch der heutige Tag scheint keine Abkühlung zu bringen. *Možemo li ići na kupanje, Nina?* (Können wir zum Baden gehen, Nina?), empfängt Teo sie am Frühstückstisch. Das ist eine wirklich gute Idee. Da Nina nicht gern ins Schwimmbad geht, beschließen sie, zum Freizeitgelände *Jarun* zu fahren.
Moramo li ponijeti jelo i piće ili možemo i na Jarunu nešto kupiti? (Müssen wir etwas zum Essen und Trinken mitnehmen oder können wir am Jarun etwas kaufen?), erkundigt sich Nina. Teo denkt an sein studentisches Budget: *Radije ponijeti. To je jeftinije* (Lieber mitnehmen. Das ist billiger).
Obwohl es noch früh am Tag ist, finden sie nur mit Mühe ein freies Plätzchen. Handtuch an Handtuch reihen sich die Zagreber auf dem Kies.
Als Nina von der Umkleidekabine zurückkommt, hat sich vor dem Kiosk mit den Getränken schon eine Schlange gebildet. Wie gut, dass Teo die Kühltasche mitgenommen hat. Nina streckt sich auf ihrem Liegestuhl aus und schließt die Augen. Fast wie am richtigen Strand!

Idemo na kupanje

8 A

▶ 1/38

prevruć/prevruća/prevruće	zu heiß
možemo	wir können
ići na kupanje	zum Baden gehen
ponijeti	mitnehmen
jelo	Essen
piće	Getränk(e)
kupiti	kaufen
jeftiniji/jeftinija/jeftinije	billiger
da	dass
mnogo	viel
pijem	ich trinke
piti	trinken

● Meni je prevruće. Možemo li ići na kupanje, Nina?	Mir ist zu heiß. Können wir zum Baden gehen, Nina?
■ Zašto ne? I meni je prevruće.	Warum nicht? Mir ist auch zu heiß.
● Kamo želiš?	Wohin möchtest du?
■ Na Jarun.	Zum Jarun.
● Dobro.	Gut.
■ Moramo li ponijeti jelo i piće ili možemo i na Jarunu nešto kupiti?	Müssen wir Essen und Getränke mitnehmen oder können wir auch am Jarun etwas kaufen?
● Radije ponijeti. To je jeftinije.	Lieber mitnehmen. Das ist billiger.
■ Imaš pravo, ti znaš da ja mnogo pijem.	Du hast recht, du weißt, dass ich viel trinke.
● Da, prevruće je i mora se mnogo piti.	Ja, es ist zu heiß und man muss viel trinken.

***Pre-vruće:* zu ...**
Die Vorsilbe ***pre*** dient der Verstärkung von Adjektiven/Adverbien:

Grad je ***pre****lijep!*
Die Stadt ist zu schön!
To je ***pre****dobro:*
Das ist zu gut!

***ponijeti* + Akkusativ**
ponijeti torbu:
die Tasche mitnehmen

***mora se*:** man muss
se nach 3. Pers. Sg. des Verbs = unpersönlich man

2 x *da*:
1. ja
2. dass

***moći*:**	**können**
mogu:	ich kann
možeš:	du kannst
može:	er, sie, es kann
možemo:	wir können
možete:	ihr könnt, Sie können
mogu:	sie können

8 A

Übungen

Nach *mora se* kommt der Infinitiv – und schon weiß man, was man müssen muss.

1. Man muss ...

1/39

***Mora se** mnogo piti.*

1. mnogo piti
2. dobro jesti
3. dovoljno spavati
4. uvijek raditi
5. sve znati
6. ići u kupovinu

Was die nicht alles können ... Können Sie auch schon alle Formen von *moći* (können)? Achtung: unregelmäßig! Siehe S. 53.

2. Man kann aber auch ...

*Anna **može** ići u grad.*

1. Anna mož__ ići u grad.
2. Nina i ja mož____ putovati u Zagreb.
3. Vi mož____ govoriti hrvatski.
4. Ti mož___ ići u kupovinu.
5. Ja mog__ spavati.
6. Mona i Lara mog___ raditi u Mainzu.

Und Sie wissen hoffentlich, dass man hier immer nur *da* braucht.

3. Du weißt, dass ...

***Ti znaš da** idem u grad.*

1. idem u grad
2. rado jedem ribu
3. govorim hrvatski
4. dobro spavam
5. danas radim
6. volim Ninu
7. mnogo pijem
8. moram ići u kupovinu

Nur nichts vergessen. Aber wer muss hier was mitnehmen?

4. Alles mitgenommen?

*Nina **mora ponijeti** torbu.*

1. Nina – torbu
2. Mirko – pivo
3. Marija – jelo i piće
4. Anna – kozmetiku
5. Toni – kovčeg

Bei der Übersetzung hilft der letzte Dialog weiter!

5. Und auf Deutsch?

1. Meni je prevruće.
2. Imaš pravo.
3. Zašto ne?
4. To je jeftinije.
5. Kamo želiš?

Nisam lud!

▶ 1/40

kupaće gaćice	Badehose
izgledaju	sie sehen aus
najradije	am liebsten
kupam se	ich bade
gol/gola/golo	nackt
na što	worauf
čekaš	du wartest
svuci	zieh aus
lud/luda/ludo	verrückt
unajmiti	mieten
ležaljka	Liegestuhl
petnaest eura	fünfzehn Euro

● Dobro ti stoji kupaći kostim, Nina.	Der Badeanzug steht dir gut, Nina.
■ Hvala! Tvoje kupaće gaćice također ne izgledaju loše.	Danke. Deine Badehose sieht auch nicht schlecht aus.
● Može biti, ali ja se najradije kupam gol.	Kann sein, aber ich bade am liebsten nackt.
■ Bravo, na što čekaš! Svuci kupaće!	Bravo, worauf wartest du! Zieh die Badehose aus!
● Nisam lud!	Ich bin nicht verrückt!
■ Dobro, Teo, ja sada idem unajmiti ležaljku. Znaš li možda koliko košta?	Gut, Teo, ich gehe jetzt einen Liegestuhl mieten. Weißt du vielleicht, wie viel es kostet?
● Ne znam. Možda petnaest eura.	Ich weiß nicht. Vielleicht fünfzehn Euro.

kupaće gaćice: Badehosen
Pluralwort
wörtlich Badehöschen
oft auch nur ***kupaće***

***izgledati*: aussehen**
*izgled**am***: ich sehe aus

***čekati*: warten**
*ček**am***: ich warte

***kupati se*: baden**
*kup**am** se*: ich bade
weiter wie *spavati* (S. 29).
kupati se:
wörtlich sich baden
se bleibt in allen Formen gleich

Zahlen 13 – 25 ▶ 1/41

13: *trinaest*
14: *četrnaest*
15: *petnaest*
16: *šesnaest*
17: *sedamnaest*
18: *osamnaest*
19: *devetnaest*
20: *dvadeset*
21: *dvadeset jedan*
22: *dvadeset dva*
23: *dvadeset tri*
24: *dvadeset četiri*
25: *dvadeset pet*

Koliko eura košta ...
13 – 20: + Genitiv Plural
*To košta 13,14,15 ... eur**a**.*
21, 31 etc. + Akkusativ Singular
*To košta dvadeset jedan eur**o**.*
22-24, 32-34 etc. + Genitiv Singular
*To košta dvadeset dva/ dvadeset tri ... eur**a**.*

8 B

Übungen

Ob *gol, gola* oder *golo* entscheidet Mann, Frau oder Kind.

1. Lauter Nackedeis

Teo se kupa ***gol***.

1. Teo
2. Nina
3. dijete
4. Anna
5. Goran
6. riba

Für diese Übung braucht man Köpfchen, ein Taschenrechner allein reicht nicht. Ordnen Sie das richtige Ergebnis zu.

2. Kopfrechnen

1. 5 + 7
2. 19 – 8
3. 2 + 2
4. 10 + 13
5. 24 – 3

a ☐ dvadeset jedan
b ☐ dvadeset tri
c ☐ jedanaest
d ☐ četiri
e ☐ dvanaest

Mithören – nachplappern.

3. Sieht nicht schlecht aus

▶ 1/42

Kupaće gaćice ***ne izgledaju loše***.

1. kupaće gaćice
2. kupaći kostim
3. jabuke
4. frizura
5. tvoji prijatelji

Wie auch sonst verspricht der letzte Dialog Hilfe.

4. Ins Deutsche übertragen

1. Na što čekaš?
2. Nisam lud!
3. To ti dobro stoji.
4. Može biti.
5. To su moje kupaće gaćice.

Ohne Arbeit, ohne Hoffnung?

8

In Reiseprospekten wird Kroatien als heiteres, sonnenverwöhntes Land mit besonderer Lebensart beworben. Nichtsdestotrotz ist die wirtschaftliche Situation für viele Kroatinnen und Kroaten nicht einfach.

Mit dem EU-Beitritt 2013 waren für viele große Hoffnungen auf ein besseres Leben verbunden. Tatsächlich hatte der EU-Beitritt zahlreiche positive Folgen im Hinblick auf wirtschaftliche Stabilität, finanzielle Förderung von wichtigen Infrastrukturprojekten wie dem Ausbau von Straßen, Häfen, Umweltschutzinitiativen und vielem mehr.

Lag die Arbeitslosenquote 2015 noch bei über 16 %, ist sie 2023 bei knapp 6 %. Allerdings sind 19 % der Jugendlichen ohne Arbeit – für viele ist nach Abschluss der Ausbildung oder des Studiums eine Saisonbeschäftigung im Sommer in den Touristenorten eine der wenigen Optionen, um Geld zu verdienen. Die Auswanderung hat in Kroatien seit dem EU-Beitritt und der damit verbundenen Arbeitnehmerfreizügigkeit extrem zugenommen. So leben in Kroatien 400 000 Menschen weniger als noch vor zehn Jahren. Diese Entwicklung wirkt sich stark auf die Wirtschaft aus. Auch verlässt jede vierte Pflegekraft das Gesundheitssystem Kroatiens, was für die medizinische Versorgung besonders in ländlichen Gebieten zunehmend zum Problem wird.

Auskommen mit dem Einkommen

Das durchschnittliche Monatseinkommen liegt bei 1179 Euro, ist also um einiges geringer als in anderen europäischen Ländern, die Preise für Lebensmittel und Dienstleistungen sind in den letzten Jahren jedoch deutlich gestiegen. Besonders schwierig gestaltet sich die Situation für Familien mit Kindern, die in Städten leben und kein Wohneigentum besitzen.

T Test 2

Hier können Sie selbst testen, wie viel aus dem kroatischen Alltagsleben Ihnen schon bekannt ist.

1. Welche Antwort stimmt?

1. Ein *burek* ist ...
   a ☐ eine gefüllte Teigtasche.
   b ☐ die kroatische Bezeichnung für Baracke.
   c ☐ ein Seefisch.

2. Wer in Kroatien Kaffee bestellt, bekommt ...
   a ☐ Milchkaffee.
   b ☐ Filterkaffee.
   c ☐ Mokka.

3. In Kroatien guckt man gerne ...
   a ☐ Musikantenstadel.
   b ☐ türkische Soaps.
   c ☐ Tatort.

4. Die frühere kroatische Währung wurde nach welchem Tier benannt?
   a ☐ Frettchen.
   b ☐ Marder.
   c ☐ Stinktier.

5. Welches modische Accessoire stammt aus Kroatien?
   a ☐ Baskenmütze.
   b ☐ Stulpen.
   c ☐ Krawatte.

6. Die Arbeitslosenquote in Kroatien beträgt ...
   a ☐ unter 10 Prozent.
   b ☐ über 15 Prozent.
   c ☐ fünfzig Prozent.

Nur eine Antwort auf jede Frage macht richtig Sinn. Fragt sich nur welche?

2. Fragen und Antworten

1. Koliko košta kruh?
2. Kamo želiš?
3. Čiji je ovo televizor?
4. Kako se zove film?
5. Zeliš li desert?
6. Je li danas petak?

a ☐ U grad.
b ☐ Goranov.
c ☐ Titanik.
d ☐ Da, rado.
e ☐ Ne, danas je četvrtak.
f ☐ Dva eura.

3. Was fehlt?

Nur eine Variante ist die jeweils sinnvolle Ergänzung im Satz. Genau hingucken, vielleicht auch mal laut vor sich hinsprechen und sich dann für die richtige Lösung entscheiden.

1. To je Goran__ televizor.
   a ☐ ov
   b ☐ ova
   c ☐ ovo

2. Koliko _____ jagode?
   a ☐ izgledaju
   b ☐ koštaju
   c ☐ imaju

3. Nisi __ kuće.
   a ☐ kod
   b ☐ u
   c ☐ na

4. Igraća konzola pripada Te_.
   a ☐ o
   b ☐ u
   c ☐ ov

5. Ja se najradije kupam ___.
   a ☐ gol
   b ☐ lud
   c ☐ skup

6. ____ problema!
   a ☐ Krema
   b ☐ Nema
   c ☐ Prstima

4. Wie sagt man auf Kroatisch?

Mit diesen Sätzen kommen Sie zur Not auch alleine beim Einkauf oder auf der Straße zurecht.

1. Nicht schlecht.
2. Einkaufen gehen.
3. Zweiundzwanzig Euro.
4. Wie viel kosten die Äpfel?
5. Entschuldigen Sie!
6. Um eins.
7. Um halb acht.

9

Glück gehabt!

Nützliches Netz
Auf diesen Seiten findet man praktische Informationen für einen Aufenthalt in Kroatien:

www.croatia.hr: offizielle Tourismuswebsite

www.hak.hr: Seite des kroatischen Automobilclubs mit Infos zu Verkehrslage, Mautgebühren, Reisetipps

Es erscheinen zwölf Tageszeitungen, die auflagestärksten sind:
24 sata
Večernji list
Jutarnj list

Teo sitzt an seinem Laptop: *Nina, dobila si e-mail!* (Nina, du hast eine E-Mail bekommen!) Nina freut sich über die Nachricht von ihrer Mutter. Teo schaut Nina beim Lesen über die Schulter und versucht mitzulesen. Als sie sich wehrt, lächelt er entschuldigend: *Svaki čovjek je radoznao* (Jeder Mensch ist neugierig).
Da Nina und Teo eine Fernbeziehung führen, skypen sie abends häufig am Laptop. Nachdem sein altes Gerät den Geist aufgegeben hat, freut Teo sich sehr über seine neueste Anschaffung.
Gdje si kupio laptop, Teo? (Wo hast Du den Laptop gekauft, Teo?), möchte Nina wissen. Teo erzählt von seinem Schnäppchen in Boston. Typisch Teo!
Wie überall gibt es auch in Kroatien Online-Kontaktbörsen. Die hat Teo natürlich nicht nötig! Viele seiner Freunde chatten auf der Suche nach ihrer Traumfrau aber täglich im Netz, vorzugsweise vom Arbeitsplatz aus. Schmunzelnd erzählt Teo Nina, dass das Internet die Effizienz der Mitarbeiter in Unternehmen nicht immer steigert. Eine Kontaktbörse hat über ihre Besucher Statistik geführt und festgestellt, dass der größte Teil ihrer Nutzer sich werktags zwischen 13 und 15 Uhr einloggt und hauptsächlich aus Mitarbeitern der öffentlichen Verwaltung besteht …

Dobila si e-mail

▶ 1/43

dobio/dobila/dobilo	bekommen
dobila si	du hast bekommen
od	von
od koga	von wem
piše	er/sie/es schreibt
uopće	überhaupt
radoznao/radoznala/radoznalo	neugierig
svaki/svaka/svako	jeder/jede/jedes
čovjek	Mensch
znao/znala/znalo	gewusst

● Nina, dobila si e-mail!	Nina, du hast eine E-Mail bekommen!
■ Stvarno? Od koga?	Wirklich? Von wem?
● Od jedne gospođe Lang ...	Von einer Frau Lang ...
■ Od mame! Konačno!	Von Mama! Endlich!
● Što piše?	Was schreibt sie?
■ Teo, ti uopće nisi radoznao!	Teo, du bist überhaupt nicht neugierig!
● Svaki čovjek je radoznao.	Jeder Mensch ist neugierig.
■ To nisam znala. Mama piše da je u Mainzu vrijeme lijepo.	Das habe ich nicht gewusst. Mama schreibt, dass in Mainz das Wetter schön ist.
● Da? Što još?	Ja? Was noch?
■ Da su Teo i Nina zanimljiv par ... Što još želiš znati?	Dass Teo und Nina ein interessantes Paar sind ... Was möchtest du noch wissen?
● Sada znam sve!	Jetzt weiß ich alles!

Genitiv
(m) + (n) auf ***-a***
čovjek → *čovjek**a***
pivo → *piv**a***
(f) auf ***-e***
mama → *mam**e***

od **+ Genitiv** = von
od *mame:* von Mama
do **+ Genitiv** = bis, zu
do *Zagreba:* bis Zagreb
od ... do **+ Genitiv** = von ... zu
od *restorana* ***do*** *auta:*
vom Restaurant zum Auto

Vergangenheit
Ganz einfach:
Präsensform *biti* ***sam, si, je*** ... + Partizip Perfekt des Verbs,
z. B. *dobiti:* bekommen
(m) ***dobi-o***
(f) ***dobi-la***
(s) ***dobi-lo***

(m) *Teo* ***je*** *dobio*
Teo hat bekommen.
(f) *Nina* ***je*** *dobila*
Nina hat bekommen.
(n) *Dijete* ***je*** *dobilo*
Das Kind hat bekommen.

Partizip Perfekt
Verbstamm:
dobi- + Endungen
(m) ***-o***
(f) ***-la***
(n) ***-lo***

pisati: schreiben
*pi**šem**:* ich schreibe
*pi**šeš**:* du schreibst

weiter wie *ići* (S. 15)

Übungen

„Sie haben Post" auf Kroatisch: mit Vergangenheit. Achtung, ob Mann, Frau oder Kind: *dobio*, *dobila* oder *dobilo!*

1. E-Mail für dich!

*Nina **je dobila** e-mail.*

1. Nina
2. Teo
3. Goran
4. gospođica Lang
5. gospođa Kos
6. Mirko
7. gospodin Nemec
8. mama
9. gospođica Feldbusch
10. Gerhard

Mithören, mitsprechen und den Genitiv schön in Kopf und Ohr behalten.

2. Von Pontius zu Pilatus

1/44

*Od Bonn**a** do Berlin**a***

1. Bonn – Berlin
2. Split – Zagreb
3. Austrija – Italija
4. Njemačka – Hrvatska
5. Poncije – Pilat

Svaki, *svaka* oder *svako* – das ist hier die Frage.

3. Jeder, jede, jedes

1/45

***Svaki** dan je lijep.*

1. – dan je lijep
2. – dijete je radoznalo
3. – čovjek mora raditi
4. – pivo je dobro
5. – euro je dobar

Alle Wörter sind dem Dialog entnommen. Erinnern Sie sich noch an ihre Bedeutung?

4. Zuordnen

1.	od koga	a ☐	alles
2.	uopće	b ☐	jetzt
3.	sve	c ☐	endlich
4.	sada	d ☐	von wem
5.	konačno	e ☐	überhaupt

Hier geht's um den Genitiv. Endungen finden Sie auf S. 61.

5. Von wem?

*Nina je dobila e-mail od mam**e**.*

1. Nina je dobila e-mail od – mama.
2. Teo je dobio fotografiju od – Nina.
3. Dijete je dobilo jabuke od – Goran.
4. Anna je dobila dijete od – Boris.
5. Mirko je dobio sms od – prijatelj.

Imao si sreću!

1/46

kupio/kupila/kupilo	gekauft
u Americi	in Amerika
platiti	zahlen, bezahlen
carina	Zoll
normalno	normal, normalerweise
PDV	Mehrwertsteuer
ništa	nichts
rekao/rekla/reklo	gesagt
carinik	Zollbeamter
mobitel	Handy
vidio/vidjela/vidjelo	gesehen
sreća	Glück

■ Gdje si kupio laptop, Teo?	Wo hast du den Laptop gekauft, Teo?
● U Americi, u Bostonu.	In Amerika, in Boston.
■ Jesi li morao platiti carinu?	Hast du Zoll zahlen müssen?
● Normalno se ne mora platiti carinu, nego PDV, ali ja nisam ništa platio.	Normalerweise muss man keinen Zoll zahlen, sondern nur Mehrwertsteuer, aber ich habe nichts bezahlt.
■ Zašto nisi platio PDV?	Warum hast du keine Mehrwertsteuer bezahlt?
● Rekao sam cariniku da nemam ništa, a imao sam laptop, kameru i mobitel!	Ich habe dem Zollbeamten gesagt, dass ich nichts habe, dabei hatte ich den Laptop, eine Kamera und ein Handy!
■ I on nije ništa vidio!?	Und er hat nichts gesehen!?
● Ništa.	Nichts.
■ Imao si sreću!	Du hast Glück gehabt!
● Ja uvijek imam sreću. Ti si moja sreća!	Ich habe immer Glück. Du bist mein Glück!

Doppelte Verneinung
***Ne**mam **ništa**:*
Ich habe nichts.
In Sätzen mit ***ništa*** wird auch das Verb verneint!

Vergangenheit
im Kroatischen meist nur durch Perfekt ausgedrückt, entspricht dem deutschen Perfekt oder Imperfekt:

Radio sam:
Ich habe gearbeitet.
Morao sam raditi:
Ich musste arbeiten.

Verben auf *-jeti, -ći:*
bilden Partizip Perfekt unregelmäßig:

***vidjeti:* sehen**
(m) *vidio:* gesehen
(f) *vidjela:* gesehen
(n) *vidjelo:* gesehen

***ići:* gehen**
(m) *išao:* gegangen
(f) *išla:* gegangen
(n) *išlo:* gegangen

***reći:* sagen**
m) *rekao:* gesagt
(f) *rekla:* gesagt
(n) *reklo:* gesagt

Übungen

Zur Gewöhnung an die doppelte Verneinung: zuhören und wiederholen.

1. Doppelt gemoppelt

1/47

1. Nina nije ništa jela.
2. Nisam ništa rekao.
3. Dijete nije ništa pilo.
4. Ja nisam ništa platila.
5. Ti nisi ništa kupio.
6. Gospođa Kos nije ništa znala.

Nur eine Antwort stimmt, wenn Teo Nina im letzten Dialog keinen Bären aufgebunden hat.

2. Richtige Erwiderung

1. Gdje si kupio laptop?
   a ☐ U Italiji, u Rimu.
   b ☐ U Americi, u Bostonu.
2. Jesi li morao platiti PDV?
   a ☐ Nisam ništa platio.
   b ☐ Platio sam dvadeset eura.
3. Imao si sreću.
   a ☐ Ja uvijek imam sreću.
   b ☐ Nemam ništa.
4. Voliš li me?
   a ☐ Dobro jutro!
   b ☐ Volim te.

Die richtigen Partizip-Endungen können Sie bestimmt schon singen: *-o, -la, -lo*

3. Schon passiert

*Teo je **platio** carinu.*

1. Teo – platiti carinu
2. Nina – kupiti kruh
3. Dijete – spavati
4. Goran – raditi
5. Gospođa Kos – biti kod kuće

Versuchen Sie Ihr Glück mit der Übersetzung.

4. Kurz nachgedacht

1. Imao si sreću.
2. Kakva sreća!
3. Sreća je sve.
4. Uvijek imam sreću.
5. Ti si moja sreća!

Was gehört hier zusammen? Setzen Sie das fehlende Wort sinnvoll ein.

5. Lücken stopfen

1. Rado pijem ____.
2. Teo govori ____.
3. Goran je na ____.
4. Mama mora ići ____.
5. Nina ima ____.

a ☐ sreću
b ☐ u kupovinu
c ☐ kavu
d ☐ fotografiji
e ☐ njemački

Quo vadis, Kroatien?

9

Seit dem 1. 7. 2013 ist Kroatien Mitglied der EU. Der EU-Beitritt war zuvor von der kroatischen Bevölkerung bestätigt worden: 2012 stimmten rund zwei Drittel der Kroatinnen und Kroaten für den Beitritt.
Die Aufnahme in die EU war an verschiedene Bedingungen geknüpft. Große Hindernisse stellten die im Land grassierende Korruption, die mangelnde Unabhängigkeit der Justiz und die unzureichende Kooperation mit dem Internationalen Strafgerichtshof für das ehemalige Jugoslawien dar.
Seit dem EU-Beitritt ist die Arbeitslosigkeit im Land gesunken, die wirtschaftliche Entwicklung erfuhr einen Aufschwung.
Die Beziehungen zu den anderen ehemaligen Teilrepubliken des sozialistischen Vielvölkerstaates Jugoslawien sind allerdings bis heute nicht unproblematisch: Mit Serbien streitet das Land über eine konsequente juristische Aufarbeitung der Geschehnisse in den Jugoslawienkriegen, insbesondere im Hinblick auf Vermisstenfälle und Kriegsverbrechen. Mit dem Nachbarstaat Bosnien und Herzegowina gibt es oft Dispute um den Status der dort lebenden Kroaten. Auch der jahrelange Grenzkonflikt mit Slowenien um die Adria-Bucht Piran ist nicht beigelegt.
Auch Korruption bleibt weiterhin ein Thema, das Gerichtssystem gilt als langsam, die Bürokratie als herausfordernd ... Dennoch gaben bei einer Umfrage im Jahr 2023 72 % der befragten Bevölkerung an, sich gänzlich oder teilweise als Bürger/in der EU zu fühlen.

Kroatien politisch
Teilrepublik in der Sozialistischen Föderativen Republik Jugoslawien1945-1991

Unabhängige Republik seit 25.06.1991

27. EU-Beitrittsland
1. 7. 2013

Parlamentarische Demokratie seit 2000
Einkammerparlament *Sabor*

„Vaterlandskrieg“
offizielle Bezeichnung für den kroatisch-jugoslawischen Krieg 1991–1995, in dem Kroatien um seine Unabhängigkeit und die Befreiung serbisch besetzter Gebiete kämpfte.

10

Wetten, dass ...

Öffentlicher Nahverkehr ist in Zagreb mit Bussen und Straßenbahnen gut organisiert und vergleichsweise günstig. Straßenbahnen innerhalb des Stadtzentrums verkehren im Minutentakt.

In den letzten Tagen hat Teo ein anspruchsvolles Kulturprogramm auf die Beine gestellt. Die Ausstellungen im Kroatischen Museum für Geschichte und dem Archäologischen Museum haben Nina besonders gefallen. Von allen Sehenswürdigkeiten hat Nina Postkarten an Familie und Freunde geschickt.
Ein besonderer Höhepunkt war ein Ballettabend im Kroatischen Nationaltheater. Nach so viel Kultur sehnt Nina sich aber nach einer Verschnaufspause. Außerdem spricht die Waage in Teos Bad nach dem ständigen reichhaltigen Essen eine deutliche Sprache. Etwas frustriert sagt Nina morgens zu Teo: *Teo, mi smo tako lijeni* (Teo, wir sind so faul). Diesem Zustand kann Teo schnell Abhilfe schaffen: *Nema problema, gospođice, danas možemo u Maksimiru trčati* (Kein Problem, Fräulein, heute können wir im Maksimir laufen). Wie gut, dass Nina ihre Sportsachen dabei hat!
Wenig später drehen sie im Park ihre Runden. Teo geht schon bald die Puste aus. Nina will ihn ein bisschen ärgern: *Kladimo se, Teo, da ti ne možeš tako brzo trčati kao ja!* (Wetten wir, Teo, dass du nicht so schnell laufen kannst wie ich!) Jetzt heißt es aber wirklich Gas geben!

Nikada ne idemo pješice

1/48

lijen/lijena/lijeno	faul
baviti se	sich beschäftigen, betreiben
baviti se sportom	Sport treiben
voziti, voziti se	fahren
točno	stimmt, richtig
ponekad	manchmal
autobus	Bus
nikada	nie, niemals
bicikl	Fahrrad
pješice	zu Fuß
ići pješice	zu Fuß gehen
trčati	laufen, rennen

■ Teo, mi smo tako lijeni.	Teo, wir sind so faul.
● Imaš pravo. Ne bavimo se uopće sportom.	Du hast recht. Wir treiben überhaupt keinen Sport.
■ To nije dobro. Samo jedemo i pijemo, vozimo se autom …	Das ist nicht gut. Wir essen und trinken nur, fahren mit dem Auto …
● Nije točno. Ponekad se vozimo autobusom.	Stimmt nicht. Manchmal fahren wir mit dem Bus.
■ Dobro, Teo, ali nikada ne vozimo bicikl, ne idemo pješice …	Gut, Teo, aber wir fahren nie Fahrrad, gehen nicht zu Fuß …
● Nema problema, gospođice, danas možemo u Maksimiru trčati.	Kein Problem, Fräulein, heute können wir im Maksimir laufen.

Zweimal fahren

1. *voziti* + Akkusativ:
ein Fahrzeug selbst fahren
vozim auto: ich fahre Auto

2. *voziti se* + Instrumental:
ein Verkehrsmittel benutzen
vozim se autobusom:
ich fahre mit dem Bus
(wörtlich: sich mit dem Bus fahren)

*voz**im** (se):*	ich fahre
*voz**iš** (se):*	du fährst
*voz**i** (se):*	er, sie, es fährt
*voz**imo** (se):*	wir fahren
*voz**ite** (se):*	ihr fahrt, Sie fahren
*voz**e** (se):*	sie fahren

***baviti se* + Instrumental**
baviti se sportom
Sport treiben

***nikada:* nie, niemals**
Hier gilt wieder die doppelte Verneinung wie bei ***ništa***
(S. 63).
***Nikada ne** vozim bickl.*
Ich fahre nie Fahrrad.

10 A

Übungen

Mit dem Instrumental fahren Sie hier gut!

1. Fahren mit ...

*Nina se vozi autobu**som**.*

1. Nina se vozi – autobus
2. Goran i Teo se voze – auto
3. Ja se vozim – bicikl
4. Ti se voziš– automobil

Zuhören, nachplappern! Sie können dabei auch zu Fuß gehen...

2. Gut zu Fuß

1/49

*U grad **idem pješice**.*

1. u grad
2. na kupanje
3. u kupovinu
4. u park
5. u crkvu

Die Fahr-Schule für das Verb *voziti* befindet sich auf S. 67.

3. Die Marke macht's

***Nina vozi** mercedes.*

1. Nina – mercedes
2. Vi – volvo
3. mi – fiat
4. ti – audi
5. ja – bmw
6. Lena i Iva – trabant

Damit es hält: doppelt verneinen.

4. Nie und nimmer

***Nikada ne** pijem pivo.*

1. piti pivo
2. voziti bickl
3. ići pješice
4. govoriti hrvatski
5. jesti prstima
6. ići u crkvu

Ti si mekušac!

10 B

1/50

molim te	bitte
brz/brza/brzo	schnell
toliko	so, so viel
snaga	Kraft
mekušac	Weichei
otac	Vater
ljubazan/ljubazna/ljubazno	nett
zaboravimo	vergessen wir
kladimo se	wetten wir
kao	wie
o pedeset eura	um fünzig Euro

● Molim te, ne tako brzo, Nina! Ja nemam toliko snage.	Bitte, nicht so schnell, Nina! Ich habe nicht so viel Kraft.
■ Ah, Teo, ti si mekušac!	Ach, Teo, du bist ein Weichei!
● Ooo, tvoj otac Jürgen je mekušac!	Ooo, dein Vater Jürgen ist ein Weichei!
■ To stvarno nije ljubazno!	Das ist wirklich nicht nett!
● A ti misliš da si ti bila ljubazna?	Und du denkst, du warst nett?
■ Ne. Ali zaboravimo sve!	Nein. Aber vergessen wir alles!
● Dobro, zaboravimo sve!	Gut, vergessen wir alles!
■ Kladimo se, Teo, da ti ne možeš tako brzo trčati kao ja!	Wetten wir, Teo, dass du nicht so schnell laufen kannst wie ich!
● Nema problema, gospođice, kladimo se da mogu!	Kein Problem, Fräulein, wetten wir, dass ich kann!
■ O pedeset eura?	Um fünfzig Euro?
● O pedeset eura!	Um fünzig Euro!

***molim* = bitte**
***molim* + Personalpronomen im Akkusativ:** eine Person um etwas bitten.
*molim **te**:* (ich) bitte (dich)
*molim **Vas**:* (ich) bitte (Sie)
*Molim **te**, ne tako brzo!*
Bitte, nicht so schnell!

Verneinung von *imati* + Genitiv

***nemam** snage*
ich habe keine Kraft

2 x *nema:*
1. er, sie, es hat nicht:
   Teo nema toliko snage.
   Teo hat nicht so viel Kraft.
2. es gibt nicht:
   nema piva
   es gibt kein Bier
   nema kruha
   es gibt kein Brot

Zahlen 30–100

1/51

30: *trideset*
40: *četrdeset*
50: *pedeset*
60: *šezdeset*
70: *sedamdeset*
80: *osamdeset*
90: *devedeset*
100: *sto*

***ljubazan, ljubazna, ljubazno**:* nett, freundlich, liebenswürdig

Übungen

Kontrollieren Sie Ihre Quittungen und ordnen Sie zu. Der ausgeschriebene Betrag sollte mit dem Betrag in Ziffern übereinstimmen.

1. Purzelpreise

1.	šezdeset eura	a ☐	100 €
2.	četrdeset eura	b ☐	50 €
3.	sedamdeset eura	c ☐	90 €
4.	pedeset eura	d ☐	40 €
5.	sto eura	e ☐	60 €
6.	devedeset eura	f ☐	70 €
7.	trideset eura	g ☐	80 €
8.	osamdeset eura	h ☐	30 €

Hier hat jemand die Zutaten für den Dialog neu gemischt. Was gehört zusammen?

2. Satzsalat

1.	Molim te,	a ☐	ti si mekušac!
2.	Ja nemam	b ☐	nije ljubazno.
3.	Ah, Teo,	c ☐	toliko snage.
4.	To stvarno	d ☐	ne tako brzo, Nina!

In dieser Übung gibt's nichts ohne den Genitiv! Die Genitivformen finden Sie auch auf S. 61.

3. In der Pampa gelandet

1/52

*Nema **pića**.*

1. piće
2. jelo
3. hladnjak
4. internet
5. televizor
6. e-mail
7. pivo

Diese Übersetzung sollte eigentlich nicht schwer sein.

4. Auf Deutsch

1. Ti si mekušac!
2. Nemam sreće!
3. Ovaj carinik nije ljubazan.
4. Gospođa Kos je ljubazna.
5. Zaboravimo sve!

10

Sportlich, sportlich

Selbst der unsportlichste Kroate ist im Grunde seines Herzens ein ausgemachter Sportfreak. Bei internationalen Wettkämpfen drücken Oma und Enkel gemeinsam alle Daumen: Heimkehrenden Sportlern werden rauschende Empfänge bereitet. Dafür, dass Kroatien noch nicht lang in der internationalen Sportszene mitmischt, können sich die Erfolge, besonders im Mannschaftssport, wirklich sehen lassen. Erstmalig als Nationalmannschaft bei der Fußball-WM 1998 angetreten, erreichte Kroatien mit *Davor Šuker* als 9-fachem Torschützenkönig einen die internationale Fußballwelt überraschenden 3. Platz, dazu 2018 in Russland den zweiten Platz mit Luka Modrić als bestem Spieler der WM und dem Titel *Weltfußballer des Jahres,* 2022 in Katar den dritten Platz. Tennis-As *Ivanišević* räumte in Wimbledon ab, die kroatischen Handballer gewannen die WM 2003 und 2004 die olympische Goldmedaille. Ebenfalls sehr erfolgreich die Wasserballer – 2007 und 2017 Weltmeister, 2012 Olympiasieger.
Besondere staatliche Förderung gibt es für junge Sportler nicht. Werbeverträge kommen erst mit steigendem Bekanntheitsgrad. Nicht wenige investieren ihr letztes Geld in ihre sportliche Laufbahn.
Kroatien schlägt sich mit wirtschaftlichen und politischen Problemen herum. Sport ist für viele die einzige Möglichkeit, es durch eigenes Talent und Kraft zu Erfolg, Ruhm und Reichtum zu bringen. Kroatische Sportler sind somit nicht nur nationales Aushängeschild, sondern für junge Leute auch individuelle Vorbilder.

Passivsportler
Eine in den letzten Jahren besorgniserregende Entwicklung im Bereich Sport ist die rasante Ausbreitung von Wettbüros für Sportwetten. Statt selbst aktiv zu sporteln, verbringen immer mehr kroatische Männer viel Zeit mit Online-Sportwetten und im Wettbüro. Soziologen warnen vor Suchtgefahr und Verschuldung. 2019 betrugen die Wetteinsätze bei legalen und illegalen Sportwetten über 1,2 Milliarden Euro!

11

Der Nächste bitte!

Die medizinische Versorgung ist in größeren Städten gut geregelt. Wer es sich leisten kann, wählt zwischen öffentlichen oder privaten Arztpraxen.
Auf dem Land ist der *dom zdravlja* (Haus der Gesundheit) erste Anlaufstelle für Gesundheitsvorsorge, aber auch für akute Zipperlein. In medizinischen Notfällen sind die Patienten auf dem Lande aber klar im Nachteil: bei einem Transport in bis zu 50 km entfernte Krankenhäuser vergeht nicht selten wertvolle Zeit, die über Leben und Tod entscheiden kann.

Beim Wettlauf durch den Park hat Teo sich verletzt. Er ist über einen Ast gestolpert und hingefallen. Im ersten Moment denkt Nina, er sei einfach nur zu müde zum Weiterlaufen und wolle die Wette unauffällig beenden, ohne das Gesicht zu verlieren. Da sein schmerzverzerrter Gesichtsausdruck anhält und das rechte Knie nach kurzer Zeit viel dicker ist als das linke, sagt sie besorgt: *Teo, tvoje koljeno ne izgleda dobro. Moraš ići liječniku* (Teo, dein Knie sieht nicht gut aus. Du musst zum Arzt gehen).
Auf der Fahrt zum Arzt stellt Nina sich auf ewiges Warten in einer schäbigen Wartehalle der *ambulanta* (Ambulanz) ein. Umso mehr überrascht sie die moderne Praxis, zu der Teo sie gelotst hat.
Teo jammert leise vor sich hin. Nina versucht ihn abzulenken: *Meni je najgore kada me boli glava* (Für mich ist es am schlimmsten, wenn mir der Kopf weh tut). Teo lächelt gequält: *A meni je najstrašnije kada se ne mogu kretati* (Und für mich ist es am schlimmsten, wenn ich mich nicht bewegen kann). Endlich ist Teo dran. Die Ärztin ist jung und für Ninas Geschmack sehr gut aussehend. Mit einem freundlichen Lächeln bittet sie Teo in den Behandlungsraum. Hoffentlich dauert die Untersuchung nicht zu lange!

11 A

Moraš ići liječniku!

2/1

koljeno	Knie
liječnik	Arzt
natekao/natekla/nateklo	geschwollen
strašno	schrecklich
boli me	tut mir weh
hodati	laufen
jedva	kaum
onda	dann
pomoći	helfen
ljubav	Liebe

■ Teo, tvoje koljeno ne izgleda dobro. Moraš ići liječniku.	Teo, dein Knie sieht nicht gut aus. Du musst zum Arzt gehen.
● Tako izgleda. Koljeno je nateklo i strašno me boli.	So sieht es aus. Das Knie ist geschwollen und tut mir schrecklich weh.
■ Možeš li uopće hodati?	Kannst du überhaupt laufen?
● Jedva.	Kaum.
■ Onda moram ja voziti.	Dann muss ich fahren.
● Da. Molim te možeš li mi pomoći do auta?	Ja. Bitte kannst du mir zum Auto helfen?
■ Teo, ti znaš da te volim, a ljubav može sve.	Teo, du weißt, dass ich dich liebe, und Liebe kann alles.
● Može li ljubav reći da sam ja mekušac?	Kann Liebe sagen, dass ich ein Weichei bin?
■ Ljubav to nije tako mislila!	Die Liebe hat das nicht so gemeint!

***ići* + Dativ: gehen zu**
*idem liječnik**u***
ich gehe zum Arzt
*idem Te**u***
ich gehe zu Teo
*idem Nin**i***
ich gehe zu Nina

Wehwehchen
Tea boli koljeno.
Teo tut das Knie weh.
wörtlich: Teo schmerzt das Knie.
Ninu bole koljena.
Nina tun die Knie weh.
Akkusativ + *boli/bole* + Nominativ

Akkusativ
ja → me: mich
ti → te: dich
on → ga: ihn
ona → ju: sie
ono → ga: es
Die Akkusativ-Wörtchen stehen nie am Satzanfang – meistens findet man sie an zweiter Stelle.
Volim te, Nina.

ljubav: Liebe
endet zwar auf Konsonant, ist aber feminin!
*moj**a** ljubav:* meine Liebe
*star**a** ljubav:* alte Liebe

11 A

Übungen

Hier geht's um den Dativ. Da er immer ohne Präposition steht, kommt es auf die Endung an. Also nichts wegnuscheln!

1. Unterwegs zu

2/2

*Teo ide **Nini**.*

1. Teo – Nina
2. Anna – Goran
3. Ja – liječnik
4. Mirko – Marija

Beenden Sie die Sätze. Auch wenn beide Varianten möglich sein sollten, entscheiden Sie sich für die aus dem Dialog auf S. 73.

2. Ende gut, alles gut?

1. Tvoje koljeno ne izgleda	a ☐ loše. b ☐ dobro.
2. Moraš ići	a ☐ u crkvu. b ☐ liječniku.
3. Možeš li uopće	a ☐ hodati? b ☐ trčati?
4. Možeš li mi pomoći	a ☐ do auta? b ☐ do hladnjaka?

In dieser Übung soll die geliebte Person durch ein Personalpronomen ersetzt werden. Sie haben die Wahl zwischen *ga* oder *ju*, je nach Geschlecht.

3. Alle mögen sich

*Nina **ga** voli.*

1. Nina voli Tea.
2. Teo voli Ninu.
3. Mama voli dijete.
4. Liječnik voli gospođu Kos.

Hier haben Sie Gelegenheit, die Vokabeln aus dem letzten Dialog zu wiederholen.

4. Zuordnen

1. pomoći	a ☐ Weichei
2. mekušac	b ☐ helfen
3. uopće	c ☐ kaum
4. strašno	d ☐ überhaupt
5. jedva	e ☐ schrecklich

Wohl zu lang in der Kirche gekniet? Auch Frommsein kann schmerzen.

5. Aufs Knie gefallen

***Ninu** boli koljeno.*

1. Nina – boli koljeno.
2. Teo – boli koljeno.
3. Goran – boli koljeno.
4. Marija – boli koljeno.
5. Mirko – boli koljeno.

Ništa nije jednostavno

2/3

jednostavan/jednostavna/-o	einfach
kada	wenn
bolestan/bolesna/bolesno	krank
najgore	am schlimmsten
glava	Kopf
glavobolja	Kopfschmerzen
najstrašnije	am schrecklichsten
kretati se	sich bewegen
priznati	zugeben, gestehen
liječnica	Ärztin
mlad/mlada/mlado	jung
godina	Jahr

● Ah, Nina, ništa nije jednostavno kada je čovjek bolestan.	Ach Nina, nichts ist einfach, wenn der Mensch krank ist.
■ Meni je najgore kada me boli glava; kada imam glavobolju.	Für mich ist am schlimmsten, wenn mein Kopf weh tut, wenn ich Kopfschmerzen habe.
● A meni je najstrašnije kada se ne mogu kretati.	Und für mich ist am schrecklichsten, wenn ich mich nicht bewegen kann.
■ Znam, ali moraš priznati da je liječnica bila ljubazna.	Ich weiß, aber du musst zugeben, dass die Ärztin nett war.
● Imaš pravo. Vrlo ljubazna i vrlo mlada.	Du hast recht. Sehr nett und sehr jung.
■ Što misliš koliko ima godina?	Was denkst du, wie alt sie ist?
● Možda dvadeset sedam godina. Svakako dobro izgleda.	Vielleicht siebenundzwanzig. Auf jeden Fall sieht sie gut aus.

Jahre auf 'm Buckel
Koliko imaš godina?
Wie alt bist du?
Wörtl.: Wie viel der Jahre hast du?

Imam dvadeset godina:
Ich bin zwanzig Jahre.

Altersangaben:
imati + Zahl + *godina/-e/-u*

Godina/-e/-u in Zusammenhang mit Zahlen:
1, 21, 31 etc. + godin**u**
*Nina ima dvadeset jednu godin**u**.*
Nina ist einundzwanzig Jahre.
2-4, 22-24, 32-34 etc. + godin**e**
*Teo ima dvadeset tri godin**e**.*
Teo ist dreiundzwanzig Jahre.
5-20, 25-30, 35-40 etc. + godin**a**
*Liječnica ima dvadeset sedam godin**a**.*
Die Ärztin ist siebenundzwanzig Jahre.

2 x *kada:*
1. wann
2. wenn

Kada ideš u grad?
Wann gehst du in die Stadt?
Nije dobro kada je čovjek bolestan.
Es ist nicht gut, wenn der Mensch krank ist.

Übungen

Ganz schön happig: die verschiedenen Endungen von *godina* + Zahlen. Aber was sich der Logik nicht erschließt, geht vielleicht eher ins Ohr! Also: Immer schön nachsprechen.

1. Wie alt? So alt!

2/4

1. Teo ima 25 godina.
2. Nina ima 23 godine.
3. Ja imam 30 godina.
4. Vi imate 51 godinu.
5. Ti imaš 40 godina.
6. Mi imamo 18 godina.

Was Teo zugibt, gilt offenbar auch für Nina. Die Adjektivform ist allerdings anders.

2. Selbsterkenntnis

*Nina: Moram priznati da sam **mlada**.*

1. Teo: Moram priznati da sam mlad.
2. Teo: Moram priznati da sam lijen.
3. Teo: Moram priznati da sam umoran.
4. Teo: Moram priznati da sam gladan.
5. Teo: Moram priznati da sam žedan.

Sagen Sie es direkt. Wer nicht alt ist, ist jung und umgekehrt.

3. Anders gesagt

*Liječnica **je mlada**.*

1. Liječnica nije stara.
2. Gospođa Kos nije mlada.
3. Liječnik nije mlad.
4. Dijete nije staro.
5. Otac nije mlad.

Ništa nije jednostavno – nichts ist einfach, leider auch diese Übersetzungsübung nicht!

4. Auf Deutsch

1. Ništa nije jednostavno.
2. Ništa nije dobro.
3. Ništa nije lijepo.
4. Ništa nije zanimljivo.
5. Ništa nije normalno.

Kinder, Kinder

11

Jedna obitelj više (Eine Familie mehr) – mit diesem Slogan nahmen sich Ende der 1990-er Jahre einige Kirchengemeinden eines Problems an, das es in einem katholischen Land eigentlich nicht geben dürfte: dem negativen Bevölkerungswachstum. Die Aktion sollte heiratswillige Männer und Frauen zu Blind-Dates an der Kaffeetafel zusammenbringen – spätere Familiengründung ausdrücklich erwünscht ... Der Erfolg hielt sich in Grenzen: Zeitungsberichte mit düsteren Prognosen über die Bevölkerungsentwicklung häufen sich.

Obwohl die Kroaten einen ausgeprägten Familiensinn haben und kinderlieb sind, geht der Trend zur Einkindfamilie. Immer weniger Menschen wollen und können sich mehr als ein Kind leisten. Die geringe und nicht einheitliche Höhe des Kinder- und Elterngelds bietet jungen Eltern wenig Absicherung. Unter Kroatiens erstem Präsidenten Franjo Tuđman und der „Kroatischen Demographischen Bewegung" waren seinerzeit finanzielle Anreize für Familien geschaffen worden. Ab dem dritten Kind gab es erhöhtes Mutterschaftsgeld; beim siebten Kind übernahm der Präsident die Patenschaft.

Studien der UN prophezeien Kroatien bis 2050 einen Bevölkerungsrückgang von −0,8 %. Von 2011–2021 verzeichnete Kroatien einen Bevölkerungsrückgang von 400 000 Einwohnern. Dieser ist auf rückläufige Geburtenzahlen sowie die Migration nach dem Beitritt in die EU zurückzuführen. Nur drei Städte – Zagreb, Split und Rijeka – haben mehr als 100 000 Einwohner.

Demographie
Das Bevölkerungswachstum ist in Kroatien seit Jahren konstant rückläufig und liegt bei −3,7 %. Im Jahr 2022 hatten von 555 kroatischen Städten und Gemeinden nur 25 eine positive Bevölkerungsentwicklung.

12

Nach Dubrovnik!

Unterwegs
Wem die Autofahrt zur Küste zu lang wird, kann sie auch in mehrere Etappen aufteilen und eine Übernachtung einplanen. Schilder mit der Aufschrift *sobe* (Zimmer) oder *apartmani* (Appartements) verweisen auf private Unterkünfte.

Nina, imam jednu dobru vijest! (Nina, ich habe eine gute Nachricht), sagt Teo eines Abends freudestrahlend zu Nina. *Sljedeći tjedan ćemo ići na more* (Nächste Woche werden wir ans Meer fahren). Nina erinnert sich, dass er in den letzten Tagen viel telefoniert hat, jetzt kennt sie den Grund. *Gdje ćemo rezervirati sobu, u hotelu ili u privatnom smještaju?* (Wo werden wir ein Zimmer reservieren, im Hotel oder in einer Privatunterkunft?), fragt sie aufgeregt. Wie immer hat Teo sich um alles gekümmert und es geschafft, auch kurzfristig ein Hotelzimmer zu organisieren. In aller Frühe machen sich Nina und Teo mit dem vollbepackten Auto auf den Weg in den Süden.

Die Fahrt verläuft vorerst angenehm. Doch die *Jadranska magistrala* (Adriastraße entlang der Küste) treibt Ninas Blutdruck schon bald in die Höhe. Die Straße ist nicht eben breit und voller Kurven. Und die Sonne blendet. Nina muss sich beim Fahren ganz schön konzentrieren. Auch gibt es Leute, die an den unübersichtlichsten Stellen überholen. Bei dieser Art von Rallye will Nina nicht mitmachen. An einem Parkplatz hält sie an und überlässt Teo entnervt das Steuer.

Imam jednu dobru vijest

12 A

2/5

vijest	Nachricht
sljedeći/sljedeća/sljedeće	nächst/er/e/es
tjedan	Woche
ići ćemo	wir werden gehen
na more	ans Meer
točnije rečeno	genauer gesagt
rezervirati	reservieren
soba	Zimmer
hotel	Hotel
privatni smještaj	Privatunterkunft
već	schon

● Nina, imam jednu dobru vijest!	Nina, ich habe eine gute Nachricht!
■ Stvarno?	Wirklich?
● Sljedeći tjedan ćemo ići na more. Točnije rečeno, u Dubrovnik.	Nächste Woche werden wir ans Meer fahren. Genauer gesagt, nach Dubrovnik.
■ Gdje ćemo rezervirati sobu, u hotelu ili u privatnom smještaju?	Wo werden wir ein Zimmer reservieren, im Hotel oder in einer Privatunterkunft?
● Već sam rezervirao sobu u hotelu.	Ich habe schon ein Zimmer im Hotel reserviert.
■ Odlično. Dubrovnik je vrlo lijep grad.	Ausgezeichnet. Dubrovnik ist eine sehr schöne Stadt.

Futur
Hilfsverb ***htjeti*** (wollen)
+ Infintiv

ja ***ću*** *ići*
ich werde gehen
ti ***ćeš*** *ići*
du wirst gehen
on/ona/ono ***će*** *ići*
er, sie, es wird gehen
mi ***ćemo*** *ići*
wir werden gehen
vi ***ćete*** *ići*
ihr werdet gehen
oni ***će*** *ići*
sie werden gehen

ću, ćeš, će, ćemo ...
immer an 2. Stelle im Satz!

vijest endet auf Konsonant, ist aber trotzdem feminin!
*dobr**a** vijest*
eine gute Nachricht
Bei Femina mit Endung auf **Konsonant Akkusativ = Nominativ**
To je dobra ***vijest****.*
Das ist eine gute Nachricht.
Imam dobru ***vijest****.*
Ich habe eine gute Nachricht.

Übungen

Konzentrieren Sie sich hier nur auf das Futur: *ću, ćeš, će ...*

1. Zukunftsmusik

▶ 2/6

*Nina **će** vidjeti more.*

1. Nina – vidjeti more.
2. Mi – spavati u hotelu.
3. Ti – dobro jesti.
4. Vi – imati sreću.
5. Ja – sutra raditi.
6. Angela i Franz – putovati u Zagreb.

Hier müsste mal einer richtig aufräumen. Kriegen Sie die Sätze wieder so hin wie im Dialog auf S. 79?

2. Richtige Reihenfolge

1. Nina – dobru – imam – vijest – jednu.
2. Sljedeći tjedan – na – ići – more – ćemo.
3. Rečeno – Dubrovnik – u – točnije.
4. Rezervirao – već – sobu – sam – hotelu – u.
5. Je – Dubrovnik – grad – lijep – vrlo.

Die Vokabeln dürften Sie alle kennen. Machen Sie aus „wird" ein „*će*" und die Übersetzung ist ok.

3. Und auf Kroatisch?

1. Teo wird essen.
2. Nina wird schlafen.
3. Teo wird arbeiten.
4. Nina wird sehen.
5. Teo wird gehen.

Mit *ti ćeš, ja ću* plant ein echter Macho seinen Tagesablauf. Formulieren Sie die Sätze seinen Vorstellungen entsprechend.

4. Gleichberechtigt?

*Ti **ćeš** raditi, ja **ću** spavati.*

1. Ti raditi – ja spavati
2. Ti jesti kruh – ja jesti ribu
3. Ti voziti auto – ja piti pivo
4. Ti trčati – ja ležati
5. Ti ići u kupovinu – ja ići na kupanje

Nismo u Njemačkoj

12 B

2/7

ovaj/ova/ovo	dieser, diese, dieses
cesta	Straße
uzak/uska/usko	eng
promet	Verkehr
autocesta	Autobahn
ljudi	Leute
u Hrvatskoj	in Kroatien
neodgovor/-an/-na/-no	unverantwortlich
Hrvati	Kroaten
Nijemci	Deutsche
spor/spora/sporo	langsam

■ Teo, ova cesta je stvarno uska za toliko prometa.	Teo, diese Straße ist wirklich eng für so viel Verkehr.
● Ovo nije autocesta.	Das ist keine Autobahn.
■ Teo, ovi ljudi voze prebrzo!	Teo, diese Leute fahren zu schnell!
● Nina, mi smo u Hrvatskoj!	Nina, wir sind in Kroatien!
■ Ali tako voziti je neodgovorno!	Aber so zu fahren ist unverantwortlich!
● Hrvati misle da Nijemci voze sporo.	Die Kroaten denken, dass die Deutschen langsam fahren.
■ Teo, ja ne mogu tako dalje voziti.	Teo, ich kann so nicht weiterfahren.
● Nema problema, Nina. Brzi Hrvat će dalje voziti.	Kein Problem, Nina. Der schnelle Kroate wird weiterfahren.

Ländernamen
auf *-**ska**, -**ška*** und *-**čka*** bilden Dativ und Lokativ unregelmäßig.
Also nicht auf ***-i***, sondern auf ***-oj***.
*Hrvatsk**a** → u Hrvatsk**oj***
in Kroatien
*Norvešk**a** → u Norvešk**oj***
in Norwegen
*Njemačk**a** → u Njemačk**oj***
in Deutschland

Mengenwörter + Genitiv
***toliko** prometa*
so viel Verkehr
***koliko** piva*
wie viel Bier
***mnogo** sreće*
viel Glück

Bestimmte Form der Adjektive maskulin
Die Endung *-i* macht den Unterschied zwischen **bestimmt** und **unbestimmt**:
*brz → brz**i***
schnell → der schnelle
*Teo je brz → Brz**i** Teo*
Teo ist schnell → Der schnelle Teo

Achtung: endet die unbestimmte Form auf ***-an***, ***-ar*** oder ***-ak*** verschwindet das *a* in der bestimmten:
*umor**an** → umor**ni***
*dob**ar** → dob**ri***
*uz**ak** → us**ki***

Übungen

Hier bitte in die unterschiedlichen Varianten des Lokativs umformen.

1. Wo bist du?

▶ 2/8

*Ja sam **u Hrvatskoj**.*

1. Hrvatska
2. Njemačka
3. Italija
4. Austrija
5. Norveška
6. Engleska

Hier geht's um die Adjektive schnell und langsam. Wie immer auf m/f/n achten.

2. Gegensätze

*Nina je **brza**, a Teo je **spor**.*

1. Nina – Teo
2. auto – autobus
3. vrijeme – ljubav
4. dijete – otac
5. mercedes – trabant

Sparen ist angesagt. Sie sollten sich mal überlegen, ob Sie wirklich so viel von allem brauchen. Den Genitiv können Sie sich hier allerdings nicht sparen!

3. Ich brauche nicht so viel ...

*Ne trebam toliko **piva**.*

1. pivo
2. kruh
3. piće
4. jelo
5. kozmetika
6. kava

Verwandeln Sie die unbestimmten Adjektive in bestimmte. Überall kommt ein *i* dran, aber bei manchen verschwindet das *a*. Hilfe auf S. 81.

4. Bestimmte Eigenschaften

*Brz**i** Teo.*

1. Teo je brz.
2. Čovjek je neodgovoran.
3. Carinik je mlad.
4. Mercedes je rabljen.
5. Liječnik je dobar.

Nanu, hier hat jemand die Verben aus dem letzten Dialog ausradiert! Setzen Sie die Verben an die entsprechende Stelle.

5. Lücken füllen

misle – voze – nije – smo – će

1. Ovo ________ autocesta.
2. Ovi ljudi ________ prebrzo!
3. Mi ________ u Hrvatskoj!
4. Hrvati ________ da Nijemci voze sporo.
5. Brzi Hrvat ________ dalje voziti.

Vom Reisen und Rasen

12

Autofahrer aus Deutschland brauchen in Kroatien starke Nerven. Zwar gelten offiziell ähnliche Verkehrsregeln wie in anderen europäischen Ländern auch, Vorfahrt hat allerdings, wer schneller ist oder das dickere Auto hat!
Wer sich ans Tempolimit hält, wird schon mal mit Lichthupe von Schwertransportern und Reisebussen bedrängt und überholt ...
Fußgänger und Radfahrer leben besonders gefährlich. Autofahrer, die vor Zebrastreifen halten, ernten ungläubige Blicke; Fußgänger bleiben lieber misstrauisch stehen, als dass sie die Straße überqueren.
Um von Zagreb an die Küste zu gelangen, hat man zwei Möglichkeiten: über den 2005 fertiggestellten Autobahnabschnitt oder durch das Landesinnere und dann entlang der malerischen Adria-Magistrale. Trotz des Autobahnausbaus ist die Magistrale in der Hochsaison allerdings stark frequentiert, da viele die Route nutzen, um Mautgebühren zu sparen.
Weiterhin empfiehlt es sich, beim Fahren immer für alle und jeden mitzudenken: für sich, den Vorder- und Hintermann, für alte Mütterchen, die einem in der Küstengegend schon mal mit einer ganzen Schafherde vors Auto laufen, Esel, Kinder, Hunde ...
Ein Trost zum Schluss: Autoraub ist in Kroatien bislang unbekannt!

Tempolimit
innerorts: 50 km/h
außerorts: 90 km/h

Alkohollimit
0,5 Promille

Oben genannte Limits sind allerdings Idealwerte, an die sich die wenigsten (kroatischen) Fahrer halten können! Außerdem läßt es sich mit so manchem Gesetzeshüter in Uniform verhandeln.
Dies setzt aber umfassende Sprachkenntnisse voraus.

T Test 3

Sie haben jetzt schon eine ganze Menge Hintergrundwissen über Land und Leute. Hoffen wir, dass mehr hängen geblieben ist als nur das Promillelimit?

1. Welche Antwort stimmt?

1. Die kroatische Staatsform ist ...
   a ☐ eine Republik.
   b ☐ eine Monarchie.
   c ☐ eine Diktatur.

2. Davor Šuker war ...
   a ☐ kroatischer Regierungschef.
   b ☐ Torschützenkönig bei der Fußball-WM 1998.
   c ☐ Mr. Kroatien.

3. Das Bevölkerungswachstum in Kroatien ist in den letzten Jahren ...
   a ☐ konstant gestiegen.
   b ☐ gesunken.
   c ☐ in etwa gleich geblieben.

4. *Dom zdravlja* ist das ...
   a ☐ Haus der Gesundheit.
   b ☐ Vereinsheim.
   c ☐ Kulturstätte in kleinen Dörfern.

5. Vorfahrt im Straßenverkehr hat ...
   a ☐ wer schneller ist.
   b ☐ wer lauter hupt.
   c ☐ wer von rechts kommt.

6. Die Polizei erlaubt maximal so viel Promille im Blut:
   a ☐ 0,0 Promille.
   b ☐ 0,5 Promille.
   c ☐ keine Beschränkung.

Auf die Fragen richtig zu antworten, dürfte Ihnen mittlerweile nicht schwer fallen.

2. Fragen und Antworten

1. Gdje si kupio laptop?	a ☐ Od gospođe Lang.
2. Od koga?	b ☐ Sada znam sve.
3. Koliko imaš godina?	c ☐ Naravno!
4. Gdje ćeš rezervirati sobu?	d ☐ U Americi, u Bostonu.
5. Što još želiš znati?	e ☐ Imam dvadeset godina.
6. Možeš li mi pomoći?	f ☐ U privatnom smještaju.

3. Was fehlt?

1. Mi smo __ Hrvatskoj.
   a ☐ od
   b ☐ do
   c ☐ u

2. Imam jednu dobru ____.
   a ☐ vijestu
   b ☐ vijest
   c ☐ vijesti

3. Moram ići liječnik_.
   a ☐ u
   b ☐ a
   c ☐ om

4. Imam trideset tri ____.
   a ☐ godina
   b ☐ godine
   c ☐ godinu

5. Nikada __ vozim bicikl.
   a ☐ li
   b ☐ ne
   c ☐ ah

6. Carinik ništa nije ____.
   a ☐ vidjela
   b ☐ vidjelo
   c ☐ vidio

Hier fehlt nur das Kreuzchen im richtigen Kästchen. Nur Mut, die Trefferquote ist höher als beim Lotto!

4. Wie sagt man das auf Kroatisch?

1. Du hast Recht.
2. Stimmt nicht.
3. Kein Problem.
4. Mit dem Bus fahren.
5. Zu Fuß gehen.
6. Das ist wirklich nicht nett.

Mit dieser Übersetzung sind Sie auch für leichten Knatsch nach einer anstrengenden Stadtbesichtigung gerüstet!

13

Im Hotel

Für die Einreise nach Kroatien brauchen Deutsche keine *putovnica* (Reisepass), sondern lediglich ihre *osobna karta* (Personalausweis). Das gilt auch fürs Hotel.

Bei der Zimmerreservierung werden Sie meist auch gefragt, ob Sie *polupansion* (Halbpension) oder *puni pansion* (Vollpension) wünschen.

Am späten Nachmittag erreichen Nina und Teo verschwitzt und müde Dubrovnik. Entlang der Küstenstraße herrscht im Sommer Hochbetrieb und besonders an den Anlegestellen der Fähren bilden sich schnell lange Staus. Nina ist heilfroh, endlich angekommen zu sein.

Es ist nicht einfach, in der Hauptsaison noch eine günstige Bleibe in Dubrovnik zu finden. Das Hotel, in dem Teo ein Zimmer reserviert hat, liegt etwas außerhalb, dafür hat es aber einen eigenen Parkplatz und zum Strand ist es auch nicht weit.

Dobar dan, izvolite (Guten Tag, bitte sehr), begrüßt sie freundlich eine junge Dame an der Rezeption. *Mi smo rezervirali dvokrevetnu sobu* (Wir haben ein Doppelzimmer reserviert), erklärt Teo. Die Rezeptionistin nimmt Ninas und Teos Personalausweise entgegen und trägt ihre Daten in den PC ein. *Imate sobu s kupaonicom i s pogledom na more* (Sie haben ein Zimmer mit Bad und Blick aufs Meer).

Das Zimmer ist nicht besonders groß, aber komfortabel eingerichtet. Vom Balkon aus hat man tatsächlich einen wunderbaren Blick aufs Meer und die Stadtmauer. Nina ist begeistert. Für so eine Aussicht hat sich die endlose Kurverei wirklich gelohnt.

Soba s pogledom na more

2/9

izvolite	bitte sehr, bitte schön
rezervirali/-le/-la	reserviert
dvokrevetna soba	Doppelzimmer
koji/koja/koje	welcher/-e/-es
na ime	auf den Namen
iz Zagreba	aus Zagreb
Vaš/Vaša/Vaše	Ihr/Ihre/Ihr
osobna karta	Personalausweis
s kupaonicom	mit Bad
s pogledom	mit (Aus-)Blick
ključ	Schlüssel
broj	Nummer

● Dobar dan!	Guten Tag!
■ Dobar dan! Izvolite.	Guten Tag! Bitte sehr.
● Mi smo rezervirali dvokrevetnu sobu.	Wir haben ein Doppelzimmer reserviert.
■ Na koje ime, molim Vas?	Auf welchen Namen, bitte?
● Na ime Teo Bolić iz Zagreba.	Auf den Namen Teo Bolić aus Zagreb.
■ Molim Vas, Vašu osobnu kartu.	Bitte, Ihren Personalausweis.
● Izvolite.	Bitte sehr.
■ Hvala! Imate sobu s kupaonicom i s pogledom na more.	Danke! Sie haben ein Zimmer mit Bad und Ausblick aufs Meer.
● Odlično. Možemo li dobiti i ključ?	Ausgezeichnet. Können wir auch den Schlüssel bekommen?
■ Ah naravno, oprostite. Soba broj sedam. Ugodan boravak!	Ach, natürlich, entschuldigen Sie. Zimmer Nummer sieben. Angenehmen Aufenthalt!

Bitte sehr, bitte schön
Je nachdem, ob man siezt oder duzt:
Sie → ***izvolite***
du → ***izvoli***

Partizip Perfekt Plural
(m) *rezervira-**li***: reserviert
(f) *rezervira-**le***: reserviert
(n) *rezervira-**la***: reserviert

Macho, Macho: bei **gemischten** Gruppen (Mann/Frau) gilt die **maskuline** Endung!
*Teo i Nina su rezervira**li**.*
Teo und Nina haben reserviert.

Possesivpronomen
Nominativ:
Vaš, Vaša, Vaše:
Ihr/Ihre
Akkusativ:
*Vaš, Vaš**u**, Vaše*
Vaš kovčeg:
Ihren Koffer
*Vaš**u** torbu:*
Ihre Tasche
Vaše ime:
Ihren Namen

***iz* + Genitiv: aus**
***iz** Zagreb**a**:*
aus Zagreb

***s* + Instrumental: mit**
*soba **s** kupaoni**com**:*
Zimmer mit Bad
*Teo pije **s** Nin**om** kavu:*
Teo trinkt mit Nina Kaffee.

Übungen

Woher jemand kommt, steht im Genitiv. Zur Auffrischung noch mal auf S. 61 nachschlagen.

1. Herkunft

*Teo je **iz** Zagreb**a**.*

1. Teo – Zagreb
2. Nina – Mainz
3. Sophia Loren – Italija
4. Dieter Bohlen – Njemačka
5. Picasso – Španjolska
6. Chopin – Poljska
7. Janica Kostelić – Hrvatska
8. Jack Nicholson – Amerika

Der Reiseleiter notiert die Zimmerreservierungen. Falls er die Partizipformen durcheinanderbringt, findet er auf S. 87 Hilfe.

2. Zimmer reserviert?

***Teo i Goran** su rezervirali sobu.*

1. Teo i Goran
2. Nina i Ana
3. Nijemci
4. Nina i Teo
5. Vi

Was die Polizei hier von Ihnen möchte, steht im Akkusativ. Besser, wenn man alles gleich rausrückt.

3. Polizeikontrolle

*Molim Vas, **Vaše** ime.*

1. ime
2. osobna karta
3. ključ
4. torba
5. kovčeg

Die Präposition *s* und Instrumental sind unzertrennlich.

4. Techtelmechtel

*Soba **s** kupaonic**om**.*

1. soba – kupaonica
2. Teo – Nina
3. gospodin – gospođa
4. pivo – alkohol
5. soba – pogled

Ob *koji, koja* oder *koje* hängt vom Geschlecht ab. Einfach zuhören, ganz schnell überlegen und noch schneller sagen, wie die richtige Lösung heißt!

5. Welcher, welche, welches?

2/10

***koje** ime*

1. ime
2. čovjek
3. torba
4. grad
5. gospođa
6. soba
7. ključ
8. auto
9. more
10. film

Kako si spavala?

13 B

2/11

odmah	gleich, sofort
na plažu	an den Strand
najprije	zuerst, erst
doručkovati	frühstücken
protiv	dagegen, gegen
doručak	Frühstück
plaža	Strand
nudistička plaža	FKK-Strand
donesi mi	bring mir
u krevet	ans Bett

● Dobro jutro, Nina! Kako si spavala?	Guten Morgen, Nina! Wie hast du geschlafen?
■ Dobro, a ti?	Gut, und du?
● Također dobro. Idemo li odmah na plažu?	Auch gut. Gehen wir gleich an den Strand?
■ Ja želim najprije doručkovati.	Ich möchte zuerst frühstücken.
● Nemam ništa protiv. Najprije doručak, a onda plaža i more.	Ich habe nichts dagegen. Erst das Frühstück und dann Strand und Meer.
■ Koja plaža, nudistička plaža?	Welcher Strand, der FKK-Strand?
● Naravno, idemo na nudističku plažu.	Natürlich, wir gehen an den FKK-Strand.
■ Teo, prestani! Radije mi donesi doručak u krevet.	Teo, hör auf! Bring mir lieber das Frühstück ans Bett.

Imperativ
Idi: Geh!
Prestani: Hör auf!
Pij: Trink!

Präsensstamm auf Konsonant **+ *i***
id**-eš* → *id-**i
(du gehst → gehe!)

Präsensstamm auf Vokal + ***j***
*pi-**ješ*** → *pi-**j***
(du trinkst → trink!)

Ausnahmen:
ti si → ***budi**:* sei
rečeš → ***reci**:* sag!
spavaš → ***spavaj**:* schlaf!

Dativpronomen
ja → ***mi**:* mir
ti → ***ti**:* dir

betonte Form von *mi* und *ti:*
meni, tebi
*Auto pripada **meni**,*
*a ne **tebi**.*
Das Auto gehört **mir**
und nicht **dir**!

***na* + Akkusativ: an, zu**
na plažu
an den Strand
na nogomet
zum Fußball

13 B

Übungen

Wo immer Sie auch hingehen, der Akkusativ ist ein treuer Begleiter.

1. Was machen wir heute?

Idemo na *plaž**u***.

1. plaža
2. more
3. autobus
4. kupanje
5. nogomet

Gut fürs Ego: klare Besitzverhältnisse schaffen!

2. Mir, nicht dir!

Televizor pripada ***meni****, a ne* ***tebi****.*

1. To je moj televizor.
2. To je moj doručak.
3. To je moj krevet.
4. To je moj ključ.
5. To je moja soba.

Setzen Sie Prioritäten. Erst hören, dann sprechen.

3. Immer der Reihe nach

▶ 2/12

Najprije ***doručak****, a onda* ***plaža****.*

1. doručak – plaža
2. raditi – spavati
3. piti – platiti
4. crkva – ljubav
5. ja – ti

Eigentlich geht's hier um Befehle. Mit einem *molim te* wird es aber gleich netter. Nach *donesi mi* steht der Akkusativ.

4. Bitte bring mir ...

Molim te, donesi mi ***kavu****!*

1. kava
2. doručak
3. pivo
4. ključ
5. piće

Die Übersetzung sollte nicht schwierig sein. Zur Problemlösung entweder zurück- oder vorblättern (Dialog oder Schlüssel).

5. Auf Deutsch bitte

1. Budi tako dobar!
2. Prestani!
3. Idi u sobu!
4. Spavaj!

Dubrovnik

13

„Suchst du das Paradies auf Erden, so findest du es in Dubrovnik" – so beschrieb einst George Bernhard Shaw „die Perle Kroatiens", Dubrovnik. Die *Dubrovčani* sind sehr stolz auf ihre Stadt, mit der sie ein besonderes, kultiviertes Savoirvivre verbinden.

Bereits im Mittelalter war das Leben im damaligen Stadtstaat *Raguza* gut organisiert, so z. B. in Sachen Gesundheit: Eine der ältesten Apotheken Europas steht in Dubrovnik und schon im 14. Jahrhundert kannten die Bürger hier eine staatliche Krankenversorgung.

Das Ende der Republik kam 1808 mit dem Einmarsch Napoleons. Zum Zeitpunkt der Besetzung um viertel vor sechs sollen einer Legende nach alle Uhren der Stadt stehengeblieben sein – Hollywood lässt grüßen.

Von 1991–1992 wurde Dubrovnik systematisch von der serbischen Artillerie beschossen, in der Altstadt schlugen über 2000 Granaten ein. Die Bevölkerung war monatelang von der Energieversorgung abgeschnitten. Inzwischen sieht die Stadt – seit 1979 Weltkulturerbe der Unesco – fast wieder aus wie vor dem Krieg. Mit Hilfe von Fachleuten haben die Bewohner der Stadt unermüdlich selbst Hand angelegt, um die Schäden an den Gebäuden auszubessern und Dubrovnik seinen alten Glanz wiederzugeben.

Schon gewusst?
In Dubrovnik steht die zweitälteste, noch genutzte Synagoge Europas.

Schutzpatron: der heilige Blasius, 27 Statuen wachen in der ganzen Stadt über die Bewohner.

Nobelurlaub: Dubrovnik ist im Sommer Anziehungspunkt für viele Stars und Prominente sowie Anhänger des nationalen und internationalen Jet-Set.

14

Strandleben

Strandtipps
Nordische Bleichgesichter lieber nicht: sich statt mit Sonnencreme mit Olivenöl einreiben (gilt als Geheimtipp zum Braunwerden)

Bei Sonnenbrand: Umschläge mit Naturjoghurt

Oben ohne: kein Problem

Zur Stärkung:
kikiriki – nein, kein Brathähnchen, sondern Erdnussflips oder *kokice* (Popcorn, wörtlich: Hühnchen); werden von fliegenden Händlern angeboten

Achtung: Wenn Einheimische im Restaurant zum Essen mittags Wein trinken, handelt es sich sicher nur um *bevanda* (Weinschorle)

Nach dem Frühstück kann Teo es kaum erwarten, an den Strand zu kommen: *Jesi li spremna, Nina?* (Bist du bereit, Nina?) Die Sonne steht mittlerweile hoch am Himmel. Teo möchte nicht schon am ersten Tag einen Sonnenbrand riskieren und erinnert Nina: *Ne zaboravi ponijeti kremu za sunčanje!* (Vergiss nicht die Sonnencreme mitzunehmen!)
Am Strand angekommen breitet Nina die Handtücher aus und entledigt sich ihrer Sandalen – aua! Zum Barfußlaufen liegen am Strand aber eindeutig zu viele spitze Steine herum. Glücklicherweise sieht Nina einen Kiosk, an dem man auch Badeschlappen kaufen kann. Zwar nicht besonders schick die Dinger, aber praktisch! Der Kioskbesitzer vermietet auch Liegestühle und Sonnenschirme. *Možemo li unajmiti ležaljke i suncobran?* (Können wir Liegestühle und einen Sonnenschirm mieten?), schlägt Nina Teo vor.
Einige Minuten später räkeln sie sich wohlig in der Sonne. So könnte es immer bleiben, denkt Nina. Leider muss Teo wieder einmal sticheln: *Znaš li ti uopće plivati?* (Kannst du überhaupt schwimmen?)

Znaš li plivati?

2/13

spreman/spremna/spremno	bereit
ručnik	Handtuch
krenuti	losgehen
ne zaboravi	vergiss nicht
krema za sunčanje	Sonnencreme
ležaljke	Liegestühle
suncobran	Sonnenschirm
znaš li plivati	kannst du schwimmen
znaš li roniti	kannst du tauchen
nestani	verschwinde
sa zadovoljstvom	mit Vergnügen

● Jesi li spremna, Nina?	Bist du bereit, Nina?
■ Trebam još samo ručnik, onda možemo krenuti.	Ich brauche nur noch das Handtuch, dann können wir losgehen.
● Ne zaboravi ponijeti i kremu za sunčanje!	Vergiss nicht, auch die Sonnencreme mitzunehmen!
■ Hvala, krema je već u torbi. Sad možemo ići.	Danke, die Creme ist schon in der Tasche. Jetzt können wir gehen.
● Konačno.	Endlich.
■ Možemo li unajmiti ležaljke i suncobran?	Können wir Liegestühle und einen Sonnenschirm mieten?
● Naravno. Danas je prevruće Nina, znaš li ti uopće plivati?	Natürlich. Heute ist es zu heiß. Nina, kannst du überhaupt schwimmen?
■ A znaš li ti roniti?	Und kannst du tauchen?
● Kao riba!	Wie ein Fisch!
■ Onda nestani u more!	Dann verschwinde ins Meer!
● Sa zadovoljstvom!	Mit Vergnügen!

Zweimal *znati*
1. wissen
   Znam sve.
   Ich weiß alles.
2. können
   Znam plivati.
   Ich kann schwimmen.

s/sa
s wird zu ***sa*** wenn das nachfolgende Wort mit
z, ž, s, š beginnt:
***sa** zadovoljstvom*
mit Vergnügen

***Sada/sad**:* jetzt
Jacke wie Hose, kein Unterschied in der Bedeutung. Ebenso ***kada/kad**:* wann, wenn.

Krema za sunčanje: Sonnencreme, wörtlich: Creme zum Sonnen. In dem Ausdruck wird nur das Wort ***krema*** dekliniert.

*To je tvoja krem**a** za sunčanje:*
Das ist deine Sonnencreme.
*Ne zaboravi krem**u** za sunčanje:*
Vergiss nicht die Sonnencreme.

Übungen

Hier geht's um die richtige Form: *s* oder *sa*. Bevor Sie ins Zischen geraten, lieber *sa* statt *s*!

1. Mit ...

***Ležaljka** sa **suncobranom**.*

1. ležaljka – suncobranom
2. riba – kruhom
3. čovjek – snagom
4. soba – pogledom na more
5. jesti – zadovoljstvom

Richtig oder falsch? Nicht alle Dinge kann man mieten!

2. Rent a ...

	da	ne
1. Na plaži možete unajmiti ležaljke.	☐	☐
2. U restoranu možete unajmiti pivo.	☐	☐
3. U hotelu možete unajmiti sobu.	☐	☐
4. U gradu možete unajmiti auto.	☐	☐
5. U Splitu možete unajmiti Švabe.	☐	☐

Hier müssen Sie die richtigen Präsensformen von *znati* einsetzen.

3. Wer kann was?

znam – zna – znaju – znaš – znate – znamo

1. Nina __________ plivati.
2. Mi __________ roniti.
3. Ti __________ lijepo pisati.
4. Vi __________ hrvatski.
5. Ja __________ voziti auto.
6. Neki ljudi __________ lijepo govoriti.

Hier sollen mit *nestani u* + Akkusativ vor allem Hemmungen beim Sprechen verschwinden.

4. Verschwinde!

▶ 2/14

*Nestani u **sobu**!*

1. soba
2. more
3. grad
4. park
5. hotel

Nur mit der richtigen Präposition erhalten Sie sinnvolle Sätze.

5. Klein, aber entscheidend

na – iz – u – s – sa – od

1. Idemo _____ plažu.
2. Teo je _____Zagreba.
3. _____ zadovoljstvom.
4. Nina je dobila e-mail _____ mame.
5. Teo pije kavu _____ Ninom.
6. Donesi mi doručak _____ krevet.

Kino, koncert ili kazalište?

14 B

2/15

izići	ausgehen
na koncert	ins Konzert
kazalište	Theater
u koliko sati	um wie viel Uhr
u dvadeset sati	um zwanzig Uhr
Molièrov/-ova/-ovo	Molières
komedija	Komödie
škrtac	der Geizige
ja bih išla	ich würde gehen
ljubitelj	Liebhaber
klasična glazba	klassische Musik

■ Kamo ćemo izići večeras? U kino, na koncert ili u kazalište?	Wohin werden wir heute Abend ausgehen? Ins Kino, ins Konzert oder ins Theater?
● Dobro pitanje! Što ima u kazalištu i u koliko sati?	Gute Frage! Was gibt es im Theater und um wie viel Uhr?
■ U dvadeset sati, Molièrova komedija „Škrtac".	Um zwanzig Uhr Molières Komödie „Der Geizige".
● To je već nešto!	Das ist schon was!
■ Ali ja bih radije išla na koncert.	Aber ich würde lieber ins Konzert gehen.
● Nina, ti znaš da ja nisam ljubitelj klasične glazbe. Tako bih rado išao u kazalište!	Nina, du weißt, dass ich kein Liebhaber klassischer Musik bin. Ich würde so gern ins Theater gehen!
■ Dobro, večeras kazalište, a sutra koncert!	Gut, heute Abend Theater und morgen Konzert!

U koliko sati?
Um wie viel Uhr?
*U jedan **sat**:* Um ein Uhr.
*U dva **sata**:* Um zwei Uhr.
*U pet **sati**:* Um fünf Uhr.

ganz einfach:
u + Zahl + ***sat/sata/sati***
sat bei: **1** und **21**
sata bei: **zwei**, **drei**, **vier**, **22**, **23**, **24**

sati bei: **fünf** bis **zwanzig**

Konditional I
Partizip Perfekt + ***bih***
(m) *išao bih*
ich würde gehen
(f) *išla bih*
ich würde gehen

bih immer 2. Stelle im Satz:
*Išao **bih**.*
*Ja **bih** išao.*

***ljubitelj* + Genitiv**
ljubitelj glazbe
Musikliebhaber
*ljubitelj**ica** glazbe*
Musikliebhaberin

Achtung anders:
ljubavnik
Liebhaber, Geliebter
ljubavnica
Geliebte

Übungen

Erst zuhören, dann einprägen, dann den Zug nicht verpassen!

1. Um wie viel Uhr?

2/16

U jedan sat

1. 1:00
2. 21:00
3. 2:00
4. 3:00
5. 4:00
6. 22:00
7. 5:00
8. 6:00
9. 15:00
10. 20:00

Teo würde so gerne ... aber nur mit *bih* + Partizip (s. S. 61 und 95)

2. Ich würde so gerne ...

*Rado **bih** spava**o** ...*

1. spavati
2. plivati
3. ići na koncert
4. unajmiti suncobran
5. putovati u Dubrovnik

Jeder hat ein Hobby. Sie sollten hier den Genitiv zum Hobby machen.

3. Liebhabereien

*Teo je ljubitelj kazališt**a**.*

1. Teo je ljubitelj – kazalište
2. Nina je ljubiteljica – film
3. Ja sam ljubitelj – glazba
4. Ona je ljubiteljica – kino

Wenn Sie bis jetzt fleißig waren, dürfte die Übersetzung keine Probleme bereiten.

4. Auf Kroatisch

1. Um wie viel Uhr?
2. Gute Frage!
3. Das ist schon was!
4. Hast du eine Geliebte?
5. Er ist mein Liebhaber.

Sommerfestival

14

In allen Gassen ertönt Musik, an jeder Ecke gibt es Theateraufführungen, fast alles open air: Vom 10. Juni bis zum 25. August zieht das berühmte Dubrovniker Sommerfestival alljährlich die Besucher an. Während in den übrigen Städten in den Theatern „Sommerpause" herrscht, geht es in Dubrovnik erst richtig rund. Bei den mehr als 80 Veranstaltungen des Festivals ist für jeden Geschmack etwas dabei, das Angebot reicht von modernem Ballett, klassischem Theater, Folklore, Jazz-Abenden bis hin zu Dichterlesungen.

Sogar während des Krieges 1990/91 hielten die Dubrovniker an ihrer Tradition fest und spielten trotz heftigem Granatenbeschuss weiter Theater.

Auch für die bekanntesten kroatischen Künstler ist es Ehrensache, jeden Sommer einen Abstecher zum Festival zu machen und dort aufzutreten. Selbst Stars, die sich in Europa oder den USA einen Namen gemacht haben, wie etwa der smarte Soapstar Goran Višnjić aus Emergency Room, reisen pünktlich zum Festivalbeginn an, um in Dubrovnik Theater zu spielen.

Kultur international 2/17

balet
drama
film
kino
klavir
komedija
koncert
kvartet
orkestar
režiser
tragedija

15

Familienbande

Generationenkonflikt
Drei Generationen unter einem Dach – aufgrund der begrenzten finanziellen Möglichkeiten keine Seltenheit. Auf so engem Raum mischen sich die Eltern gern mal über die Maßen in die Angelegenheiten ihrer Kinder ein.
Auf dem Land kommt es oft auch noch vor, dass junge Frauen nach der Schule den heimischen Herd einer Karriere vorziehen und so finanziell völlig von ihren Männern abhängig sind.

Nina und Teo genießen ihren Urlaub in vollen Zügen. Tagsüber ist Faulenzen am Strand angesagt, abends das volle Kulturprogramm. Wenn sie dann zum Hotel zurückkommen, machen sie es sich aber meistens noch mit einer Flasche Wein auf dem Balkon gemütlich. Nina freut sich den ganzen Tag auf diese späte Stunde und die langen Gespräche mit ihrem Liebsten über Gott und die Welt.
Jesu li tvoji roditelji vrlo različiti? (Sind deine Eltern sehr verschieden?), will Nina eines Abends von Teo wissen.
Teo ist in einer traditionellen Familie aufgewachsen, in der Vater und Großvater tonangebend sind. Patriarchalische Familienstrukturen sind vor allem auf dem Land noch immer verbreitet. Konflikte zwischen Vätern und Söhnen sind da vorprogrammiert. So beschreibt auch Teo seinen Vater nicht unbedingt als umgänglich: *Otac je tvrdoglav, uvijek ima prvu riječ, on sve zna.* (Der Vater ist dickköpfig, er hat immer das erste Wort, er weiß alles.)
Teo ist froh, dass er wegen seines Studiums nicht mehr zu Hause wohnen muss. Erfreulicherweise haben sein Vater und sein Großvater offenbar auch keinen allzugroßen Einfluss auf ihn gehabt: Nina gegenüber zeigt er sich zumindest immer von seiner galantesten Seite …

Mi smo još mladi

2/18

život	Leben
različit/različita/različito	verschieden
karakter	Charakter
interes	Interesse
ciljevi	Ziele
sukob	Konflikt
među	zwischen, unter
roditelji	Eltern
majka	Mutter
domaćica	Hausfrau
poslovni čovjek	Geschäftsmann
stariji	älter/der ältere/älterer

● U životu je kao u kazalištu.	Im Leben ist es wie im Theater.
■ Kako to misliš?	Wie meinst du das?
● Različiti karakteri, interesi, ciljevi i sukobi među ljudima.	Verschiedene Charaktere, Interessen, Ziele und Konflikte zwischen den Menschen.
■ Jesu li tvoji roditelji vrlo različiti?	Sind deine Eltern sehr verschieden?
● Da. Majka je domaćica, a otac poslovni čovjek. I još nešto, otac je mnogo stariji od majke.	Ja. Die Mutter ist Hausfrau und der Vater Geschäftsmann. Und noch etwas, der Vater ist viel älter als die Mutter.
■ Je li to problem?	Ist das ein Problem?
● To ne mora, ali može biti problem.	Das muss nicht, kann aber ein Problem sein.
■ A mi? I mi smo različiti ...	Und wir? Wir sind auch verschieden ...
● Mi smo još mladi!	Wir sind noch jung!

Plural
cilj → *cilj**evi***
Ziel → Ziele
Die meisten einsilbigen Maskulina bilden den Plural unregelmäßig.

Instrumental Plural der Maskulina
ljudi → *ljud**ima***
među **+ Instrumental**
zwischen, unter
*sukobi **među** ljud**ima*** Konflikte zwischen den Menschen

Steigerung
maskulin:
star/stari → *stariji* → *najstariji*

Grundform + ***-iji*** =
Komparativ: *star**iji***

naj- + Komparativ =
Superlativ: ***naj**stariji*

star/stari
alt/der alte/alter
*star**iji***
älter/der ältere/älterer
***naj**stariji*
am ältesten/der älteste/ältester

unregelmäßig:
gut: *dobar*, ***bolji***, *najbolji*
schnell: *brz*, ***brži***, *najbrži*

Vergleiche: *od* + Genitiv:
*Otac je stariji **od** majke.*
Der Vater ist älter als die Mutter.

15 A

Übungen

Hier sollen Sie Vergleiche anstellen. Dafür brauchen Sie immer den Komparativ.

1. Steigern

*Otac je star**iji** od majke.*

1. Otac je – star – od majke.
2. Film je – zanimljiv – od glazbe.
3. Teo je – spor – od Nine.
4. Mercedes je – brz – od trabanta.
5. Gin je – dobar – od piva.

Unter uns gesagt: Der Instrumental ist hier gefragt. Hilfe auf S. 99.

2. Zwischen/unter uns

*Sukob među roditelj**ima**.*

1. sukob među – roditelji
2. ljubav među – prijatelji
3. sreća među – ljudi
4. trava među – prsti

Von der Einzahl zur Mehrzahl. Wenn Sie aufmerksam zuhören, vermehren sich auch Ihre Kroatischkenntnisse.

3. Im Plural bitte

2/19

*To **su** lijep**i** prijatelj**i**.*

1. To je lijep prijatelj.
2. To je zanimljiv karakter.
3. To je otvoren sukob.
4. To je glup interes.
5. To je loš cilj.

Der einen oder anderen Aussage über das Leben können Sie bestimmt zustimmen. Können Sie sie auch übersetzen?

4. Ins Deutsche

1. Život je tako lijep.
2. U životu nema problema.
3. Život je zanimljiv.
4. Kakav život!
5. Život je sve.

Zaboga!

15 B

2/20

doznati	erfahren
o tvojoj obitelji	über deine Familie
srdačan/srdačna/srdačno	herzlich
tvrdoglav/tvrdoglava/-o	dickköpfig
prvi/prva/prvo	der/die/das erste
riječ	Wort
djed	Opa, Großvater
baka	Oma, Großmutter
Stari	der Alte
peta	Ferse
nacionalist	Nationalist

■ Teo, rado bih doznala više o tvojoj obitelji.	Teo, ich würde gern mehr über deine Familie erfahren.
● Moja majka je srdačna i ljubazna.	Meine Mutter ist herzlich und freundlich.
■ A tvoj otac?	Und dein Vater?
● Otac je tvrdoglav, uvijek ima prvu riječ, on sve zna.	Der Vater ist dickköpfig, er hat immer das erste Wort, er weiß alles.
■ A tvoj djed i tvoja baka?	Und dein Opa und deine Oma?
● Baka je kao svaka baka. Stari je od glave do pete nacionalist.	Oma ist wie jede Oma. Der Alte ist vom Kopf bis zur Ferse Nationalist.
■ Zaboga, Teo, kako možeš tako govoriti!	Um Gottes willen, Teo, wie kannst du so reden!

Possesivpronomen im Lokativ
*(m) tvoj → tvo**jem***
*(f) tvoja → tvo**joj***
*(n) tvoje → tvo**jem***

***o* + Lokativ**: über
o tvojem prijatelju
über deinen Freund
o tvojoj obitelji
über deine Familie
o tvojem djetetu
über dein Kind

Ordnungszahlen 2/21

1. *prvi/-a/-o*
2. *drugi/-a/-o*
3. *treći/-a/-e*
4. *četvrti/-a/-o*
5. *peti/-a/-o*
6. *šesti/-a/-o*
7. *sedmi/-a/-o*
8. *osmi/-a/-o*
9. *deveti/-a/-o*
10. *deseti/-a/-o*
11. *jedanaesti/-a/-o*
12. *dvanaesti/-a/-o*

Sie funktionieren wie Adjektive.

Mit ***Stari*** und ***Stara*** werden oft Eltern/Großeltern bezeichnet. Ist aber eigentlich nicht respektlos gemeint.

imati prvu riječ
das Sagen haben (wörtl. das erste Wort haben)

od glave do pete
von Kopf bis Fuß (wörtl. Vom Kopf bis zur Ferse)

15 B Übungen

Entscheiden Sie sich für *prvi*, *prva* oder *prvo*.

1. Erstlinge

2/22

Prva *ljubav.*

1. ljubav
2. riječ
3. auto
4. dijete
5. čovjek

Wissenswertes über Possessivpronomen im Lokativ auf S. 101.

2. Noch mehr über …

*Još više o tvoj**oj** obitelj**i**.*

1. tvoja obitelj
2. tvoj život
3. tvoj cilj
4. tvoje pitanje
5. tvoja glazba

Zwei Fliegen mit einer Klappe: Trainieren Sie die Wochentage und die Ordnungszahlen.

3. Tage der Woche

1. Ponedjeljak je	a ☐ drugi dan u tjednu.
2. Četvrtak je	b ☐ treći dan u tjednu.
3. Nedjelja je	c ☐ četvrti dan u tjednu.
4. Utorak je	d ☐ prvi dan u tjednu.
5. Petak je	e ☐ šesti dan u tjednu.
6. Srijeda je	f ☐ peti dan u tjednu.
7. Subota je	g ☐ sedmi dan u tjednu.

Alles aus dem Dialog. Versuchen Sie die Übersetzung aber erst ohne zurückzublättern.

4. Auf Kroatisch

1. Von Kopf bis Fuß.
2. Das Sagen haben.
3. Der Alte ist ein Nationalist.
4. Meine Mutter ist herzlich.
5. Mein Vater ist dickköpfig.

Diese Jugend

15

Junge Leute in Kroatien unterscheiden sich auf den ersten Blick nicht von anderen Jugendlichen in Europa. Unter der Woche Schule, Ausbildung oder Arbeit, am Wochenende ausgehen, Freunde treffen, abfeiern ... Sie interessieren sich für Mode, internationale Trends, Musik, Zocken.
Kroatische Soziologen, die das Verhalten und die Lebensentwürfe junger Leute genauer unter die Lupe genommen haben, kommen aber zu einer anderen Beobachtung.
Zwar leiden Jugendliche im Alter von 15-29 Jahren in Kroatien im Vergleich zu anderen europäischen Ländern seltener an materieller und sozialer Armut, leben dafür aber häufiger in beengten Wohnverhältnissen. Auch sind Hotel Mama oder das Nesthockersyndrom in Kroatien ein weit verbreitetes Phänomen – Auszüge aus dem Elternhaus mit deutlich über 30 Jahren sind nicht ungewöhnlich, was der Situation auf dem Arbeitsmarkt sowie den hohen Preisen auf dem Immobilien- und Wohnungsmarkt geschuldet ist.

Freizeit
Haben Jugendliche in den Städten ähnliche Möglichkeiten der Freizeitgestaltung wie überall in Europa auch, gibt's auf dem Land wenig Alternativen zu Verabredungen im Café. Highlight am Wochenende sind häufig Tanzveranstaltungen mit Live-Musik, oft auch Schlager und Volksmusik.

16

Im Restaurant

Konoba
Wer in der Küstengegend unterwegs ist, sollte auf jeden Fall einen Abstecher in eine *konoba* (Weinkeller) machen. Außer gutem Wein gibt's hier auch eine wahre Delikatesse: *pršut* (luftgetrockneter Schinken). Die Italo-Fans haben die Wurzel des *pršut* schon erahnt: *prosciutto.*

Auch nach einigen Tagen Aufenthalt hat Dubrovnik für Nina nichts an Reiz eingebüßt. In den Geschäften herrscht zwar wegen der vielen Touristen ein ziemliches Gedränge, aber bei dem herrlichen Wetter kann ihr eigentlich nichts die Laune verderben. Auch Teo präsentiert sich von seiner Schokoladenseite. Heute Abend hat er ein besonders romantisches Restaurant ausgesucht, in das er Nina zum Abendessen einladen möchte.
Ah, Teo, ja bih najradije živjela u Dubrovniku (Ach Teo, ich würde am liebsten in Dubrovnik leben), seufzt Nina auf der Terrasse mit Blick auf die roten Dächer der Stadt. Teo hat allerdings ein profaneres Bedürfnis: Hunger. Um Ninas Entscheidungsfindung abzukürzen, schlägt er ihr ein Gericht vor, das ihm besonders gut schmeckt: *Ja bih ti preporučio teleće pečenje s krumpirima* (Ich würde dir Kalbsbraten mit Kartoffeln empfehlen).
Auf der Terrasse ertönt dezente Musik. Teo erklärt, dass es sich um den Gesang einer *klapa* handelt – ein Männerensemble, das dalmatinische Volkslieder interpretiert. Die melancholischen Stücke gefallen Nina gut. Leider hat Teo mit leerem Magen kein Gespür mehr für Atmosphäre: *Gdje je samo taj konobar? Ja sam tako gladan!* (Wo ist nur dieser Kellner? Ich bin so hungrig!)

Ovdje se živi od turizma

16 A

▶ 2/23

čini mi se	mir scheint
stanovnici	Bewohner
ljeti	im Sommer, sommers
živjeti	leben
ovdje	hier
žive	sie leben
drukčije	anders
zimi	im Winter, winters
mirnije	ruhiger
zanimljivije	interessanter
živi se	man lebt
od turizma	vom Tourismus

■ Čini mi se da stanovnici Dubrovnika ljeti ne mogu normalno živjeti. — Mir scheint, dass die Bewohner Dubrovniks im Sommer nicht normal leben können.

● Imaš pravo. Ljudi ovdje žive ljeti drukčije nego zimi. — Du hast recht. Die Leute hier leben im Sommer anders als im Winter.

■ Zimi je sigurno mirnije. — Im Winter ist es bestimmt ruhiger.

● To je točno, ali je ljeti zanimlivije. I još nešto, ovdje se živi od turizma. — Das ist richtig, aber im Sommer ist es interessanter. Und noch etwas, hier lebt man vom Tourismus.

■ Ah, Teo, ja bih najradije živjela u Dubrovniku. — Ach, Teo, ich würde am liebsten in Dubrovnik leben.

● Ja također. — Ich auch.

Lautwechsel
*stanov**nik*** → *stanovnici*
der Bewohner → die Bewohner
vgl. auch S. 29.

***živjeti:* leben**
*živ**im**:* ich lebe
*živ**iš**:* du lebst
živi: er, sie, es lebt
weiter wie raditi S. 21.

živi se:
man lebt, wörtlich: es lebt sich
3. Pers. Sg. + ***se***: man ...
vidi ***se:*** man sieht
zna ***se***: man weiß

ljeti/zimi
im Sommer, **im** Winter, wörtlich: sommers, winters

Steigerung Neutrum
zanimljivo → *zanimljivije* → ***naj**zanimljivije*
interessant, interessanter, am interessantesten
mirno → *mir**nije*** → ***naj**mirnije*
ruhig, ruhiger, am ruhigsten

unregelmäßig
dobro → ***bolje*** → *najbolje* gut, besser, am besten

lijepo → ***ljepše*** → *najljepše* schön, schöner, am schönsten

Übungen

Zuhören, mitmachen.

1. Wo lebt wer?

2/24

*Ja **živim** u Hrvatskoj.*

1. ja – u Hrvatskoj
2. ti – u Dubrovniku
3. Nina – u Mainzu
4. mi – u Zagrebu
5. vi – u Berlinu
6. Nijemci – u Njemačkoj

Kroatisch lernen wird von Tag zu Tag interessanter, ruhiger, besser und schöner.

2. Heute ist es noch ...

*Danas je još zanimljiv**ije***

1. Jučer je bilo zanimljivo.
2. Jučer je bilo mirno.
3. Jučer je bilo dobro.
4. Jučer je bilo lijepo.

Živi od + Genitiv. Übung macht den Meister.

3. Leben von ...

***Dubrovnik** živi od **turizma**.*

1. Dubrovnik – turizam.
2. Hollywood – film.
3. Lady Gaga – glazba.
4. riba – more.

Wenn Sie den Dialog noch im Gedächtnis haben, wissen Sie, welche Äußerungen stimmen. Wenn nicht: S. 105

4. Richtig oder falsch

	da	ne
1. Nina želi živjeti u Dubrovniku.	☐	☐
2. Teo ne želi živjeti u Dubrovniku.	☐	☐
3. Ljeti je mirnije.	☐	☐
4. Zimi je zanimljivije.	☐	☐
5. U Dubrovniku se živi od turizma.	☐	☐

Sommer und Winter haben ihre Vor- und Nachteile. Sagen Sie's auf Deutsch.

5. Auf Deutsch

1. Ljeti je toplo.
2. Zimi je drukčije.
3. Ljeti je sunčano.
4. Zimi nije tako lijepo.
5. Ljeti je zanimljivo.
6. Zimi je mirnije.

16 B

Pozivam te na večeru

▶ 2/25

pozivam	ich lade ein
večera	Abendessen
sjediti	sitzen
crno vino	Rotwein
dodati	reichen
jelovnik	Speisekarte
preporučiti	empfehlen
teleće pečenje	Kalbsbraten
krumpir	Kartoffel
miješana salata	gemischter Salat
taj/ta/to	dieser/diese/dieses
konobar	Kellner

● Nina, pozivam te na večeru.	Nina, ich lade dich zum Abendessen ein.
■ Vrlo si ljubazan! Možemo li vani sjediti?	Du bist sehr liebenswürdig. Können wir draußen sitzen?
● Naravno. Što želiš piti?	Natürlich. Was möchtest du trinken?
■ Crno vino.	Rotwein.
● A što želiš jesti?	Und was möchtest du essen?
■ Još ne znam. Možeš li mi dodati jelovnik?	Ich weiß noch nicht. Kannst du mir die Speisekarte reichen?
● Izvoli. Ja bih ti preporučio teleće pečenje s krumpirima	Bitte schön. Ich würde dir Kalbsbraten mit Kartoffeln empfehlen.
■ Odlično. Još ću naručiti i miješanu salatu.	Ausgezeichnet. Ich werde auch einen gemischten Salat bestellen.
● Dobro, ali gdje je samo taj konobar? Ja sam tako gladan!	Gut, aber wo ist nur dieser Kellner? Ich bin so hungrig!

Schwarzer Wein
crno vino. Andere Länder, andere Farben. Kroaten empfinden Rotwein eher als schwarz, nicht weil sie farbenblind sind, sondern weil er in Kroatien tatsächlich eine dunklere und kräftigere Farbe hat.

crn, crna, crno
schwarz

sjediti:	**sitzen**
*sjed**im**:*	ich sitze
*sjed**iš**:*	du sitzt
*sjed**i**:*	er, sie, es sitzt

weiter wie *raditi* (S. 21)

Demonstrativpronomen
taj, ta, to
dieser, diese, dieses

taj konobar:	dieser Kellner
ta sreća:	dieses Glück
to vino:	dieser Wein

Übungen

Zuhören und für den Urlaubsflirt abspeichern.

1. Ich lade dich ein

▶ 2/26

Pozivam te *na koncert.*

1. na koncert
2. na večeru
3. na kavu
4. na doručak
5. na piće
6. na jelo
7. na vino
8. na pivo

Wenn Sie die Dialogteile falsch verbinden, fällt das Abendessen ins Wasser!

2. Was passt?

1. Pozivam te
   - a ☐ na večeru.
   - b ☐ na kupanje.
2. Vrlo si
   - a ☐ glup.
   - b ☐ ljubazan.
3. Možemo li
   - a ☐ vani sjediti?
   - b ☐ vani raditi?
4. Što želiš
   - a ☐ piti?
   - b ☐ vidjeti?

Mit *taj, ta, to* kann man auf vornehme Weise sein Missfallen an Personen oder Gegenständen zum Ausdruck bringen.

3. Ärgernisse

Taj *konobar!*

1. konobar
2. liječnica
3. jelo
4. kamera
5. čovjek

Gratulation, wenn Sie die Präsensformen von *sjediti* richtig einsetzen können.

4. Sitzen bleiben

sjede – sjedim – sjedi – sjedimo – sjediš – sjedite

1. Nina i Teo ____________ na plaži.
2. Ti __________ u autobusu.
3. Mi ___________ vani.
4. Vi _____________ unutra.
5. Frizura dobro ____________.
6. Ja ____________ na tvojoj torbi.

Um sich für den nächsten Restaurantbesuch zu wappnen, sollten Sie sich an dieser Übersetzung versuchen.

5. Übersetzen Sie

1. dodati jelovnik
2. sjediti vani
3. naručiti piće
4. piti crno vino
5. preporučiti jelo

In der Fremde

Gemessen an seiner Bevölkerungszahl hatte Kroatien schon immer einen unverhältnismäßig hohen Anteil von Emigranten. Zwischen den Weltkriegen wanderten um die hunderttausend Menschen nach Übersee aus, Zehntausende nach Nordeuropa. Aus politischen und wirtschaftlichen Gründen verließen von 1948 bis 1991 weitere knapp 400.000 Kroaten ihre Heimat, was dazu führte, dass manche Landstriche Kroatiens verwaist oder überaltert sind.

Ende der 1960-er Jahre kam im Zuge der Anwerbung ausländischer Arbeitnehmer eine große Anzahl von Kroaten nach Deutschland. Wie alle „Gastarbeiter" wollten sie ursprünglich nur für eine begrenzte Zeit im Ausland bleiben – viele Familien leben mittlerweile aber schon in der dritten oder vierten Generation in der BRD. Obwohl die Kroaten gut integriert sind, sehnen sich die meisten, die in Deutschland das Rentenalter erreicht haben, nach einem Lebensabend in Kroatien. Damit werden sie nicht selten vor unlösbare familiäre Probleme gestellt: Kinder und Enkel sind in der Regel in Deutschland aufgewachsen und möchten auch dort bleiben. Diejenigen, die ihre Kinder in Kroatien zurückgelassen haben, fühlen sich bei ihrer Rückkehr oft wie Fremde in der eigenen Familie und in einer veränderten Gesellschaft.

Katholische Kirche
Sie spielt für kroatische Emigranten in allen Ländern eine wichtige Rolle. Lange Zeit waren die kroatischen Gemeinden im Ausland erste Anlaufstelle für alle möglichen Anliegen. Für die erste Generation der Gastarbeiter waren sie zudem ein Stück Heimat in einer fremden Umgebung.

T

Test 4

Ob wohl auch ein paar historische Daten hängen geblieben sind?

1. Welche Antwort stimmt?

1. Für die Einreise nach Kroatien brauchen Deutsche ...
   a ☐ ein Visum.
   b ☐ ihren Personalausweis.
   c ☐ ein polizeiliches Führungszeugnis.

2. Die Republik Dubrovnik endete mit dem Einmarsch ...
   a ☐ Mussolinis.
   b ☐ Napoleons.
   c ☐ Berlusconis.

3. Schon im 14. Jahrhundert gab es in Dubrovnik ...
   a ☐ eine Suppenküche für Obdachlose.
   b ☐ eine besonders umweltfreundliche Kanalisation.
   c ☐ eine staatliche Gesundheitsversorgung.

4. Schutzpatron in Dubrovnik ist ....
   a ☐ der heilige Franjo.
   b ☐ der heilige Blasius.
   c ☐ der heilige Kyrillus.

5. *Konoba* ist die Bezeichnung für ...
   a ☐ Kellner.
   b ☐ eine hochgiftige Schlangenart.
   c ☐ einen dalmatinischen Weinkeller.

6. Die dalmatinische Schinkenspezialität heißt ...
   a ☐ prsten.
   b ☐ pršut.
   c ☐ prstima.

Diese Fragen und Antworten können zur Kontaktanbahnung hilfreich sein. Also, was gehört noch mal wozu?

2. Fragen und Antworten

1. Kamo ćemo izići večeras?	a ☐ Crno vino.
2. Kako si spavala?	b ☐ U kazalište.
3. Što želiš piti?	c ☐ Dobro.
4. Na koje ime, molim Vas?	d ☐ Možemo.
5. Možemo li unajmiti suncobran?	e ☐ Na ime Teo Bolić.

3. Was fehlt?

1. Soba s kupaonic__.
   a ☐ a
   b ☐ om
   c ☐ i

2. Nina pije ___ vino.
   a ☐ ludo
   b ☐ crno
   c ☐ golo

3. U dvadeset dva ____.
   a ☐ sati
   b ☐ sat
   c ☐ sata

4. Krema __ sunčanje.
   a ☐ sa
   b ☐ za
   c ☐ na

5. Otac je ___ od majke.
   a ☐ najstariji
   b ☐ stari
   c ☐ stariji

6. Stari je od glave do ___ nacionalist.
   a ☐ prsta
   b ☐ pješice
   c ☐ pete

Auch wenn vielleicht alle Varianten irgendwie plausibel aussehen – stimmen kann nur eine!

4. Wie sagt man das auf Kroatisch?

1. Strand
2. Um wie viel Uhr?
3. Um zwanzig Uhr.
4. Ich lade dich zum Abendessen ein.
5. Ist das ein Problem?
6. Was möchtest du trinken?
7. Zimmer Nummer 7.
8. Wie meinst du das?

Wenn Sie mit Ihrem Flirt schon etwas Konkretes vorhaben, sollten Sie sich diese Übersetzung besonders gut einprägen.

17

Scheiden tut weh

Frollein
Die Anrede *gospođica* hat im Kroatischen keinen antiquierten oder frauenfeindlichen Beigeschmack. Für jüngere, unverheiratete Frauen ist sie die einzig adäquate und höfliche Anrede. Die entsprechende Übersetzung ins Deutsche ist kontextabhängig und kann Fräulein, Frau oder auch Dame lauten.

Das Essen war wirklich ausgezeichnet! Nina ist pappsatt und so zufrieden, wie man es nur nach einem opulenten Mahl und ein paar Gläschen Wein sein kann. Doch die nahende Abreise überschattet diesen letzten schönen Abend.
Šteta što već sutra moramo otputovati iz Dubrovnika (Schade, dass wir schon morgen aus Dubrovnik abreisen müssen), seufzt Nina schließlich. Teo nickt: *Da. Bilo je lijepo. Ja sam stvarno uživao* (Ja. Es war schön. Ich habe es wirklich genossen). Was Nina allerdings am schlimmsten findet, ist, dass ihr Flug nach Deutschland in wenigen Tagen bevorsteht. Dass sie Teo dann wieder länger nicht sehen wird, mag sie sich gar nicht vorstellen.
Teo guckt auch schon ziemlich sentimental, Nina ist sich allerdings nicht sicher, ob sie das der Sehnsucht nach ihr oder dem vielen Wein zuschreiben soll. Ihr selber ist zum Heulen zumute: *Ah, Teo, tako sam tužna što uskoro moram otputovati u Njemačku* (Ach, Teo, ich bin so traurig, weil ich bald wieder nach Deutschland abreisen muss). Teo lächelt ihr aufmunternd zu: *Nina, molim te, zaboravimo to* (Nina, bitte, vergessen wir das). Jetzt ist Zeit für einen Spaziergang durch die sternenklare Nacht …

Lignje s roštilja

17 A

2/27

pogledaj	schau mal, sieh mal
očekivati	erwarten
dolazi	er, sie, es kommt
konobarica	Kellnerin
sporija	langsamer
od njega	als er
Vam	Ihnen
donijeti	bringen
boca	Flasche
za gospođicu	für das Fräulein/die Dame
lignje	Calamares
s roštilja	vom Grill

■ Pogledaj, Teo, ti si očekivao konobara, a dolazi konobarica.	Schau mal, Teo, du hast einen Kellner erwartet, aber es kommt eine Kellnerin.
● Bravo! Ona je još sporija od njega!	Bravo! Sie ist noch langsamer als er!
■ Dobra večer! Izvolite, što Vam mogu donijeti?	Guten Abend! Bitte sehr, was kann ich Ihnen bringen?
● Molim Vas, bocu crnog vina.	Bitte eine Flasche Rotwein.
■ Želite li nešto jesti?	Möchten Sie etwas essen?
● Svakako. Za gospođicu teleće pečenje s krumpirima i miješanu salatu.	Auf jeden Fall. Für die Dame Kalbsbraten mit Kartoffeln und gemischten Salat.
■ A što želite Vi?	Und was wünschen Sie?
● Lignje s roštilja i također miješanu salatu.	Calamares vom Grill und auch gemischten Salat.

***dolaziti:* kommen**
dola*zim*: ich komme
dola*ziš*: du kommst
dolazi: er, sie, es kommt
weiter wie *raditi* (S. 21)

Steigerung unbestimmt: feminin
spora: langsam
*spor**ija**:* langsamer
***naj**sporija:* am langsamsten
unregelmäßig
gut:
dobra → ***bolja*** → *najbolja*
schön:
lijepa → ***ljepša*** → *najljepša*

Personalpronomen im Genitiv
on → *njega*
ona → *nje*
ono → *njega*

Komparativ + *od* + Genitiv: als
*Ona je **sporija od njega**.*
Sie ist langsamer **als** er.

bocu crnog vina
eine Flasche Rotwein (wörtlich eine Flasche des Rotweins)

***s* + Genitiv: von**
roštilj → ***s roštilja***
Grill → vom Grill

17 A

Übungen

Hier kommt's auf die Präsensendungen des Verbs *dolaziti* an.

1. Welche Endung kommt?

*Pogledaj, dolaz**i** konobarica.*

1. Pogledaj, dolaz_ konobarica.
2. Teo, kada dolaz_ u Zagreb?
3. Moji roditelji dolaz_ sutra.
4. Ja dolaz_ večeras.
5. Mi uskoro dolaz_ u Njemačku.

Achten Sie auf die Steigerung der Adjektive. Tückisch: die unregelmäßigen Formen! Hilfe auf S. 113.

2. Sprechen Sie nach

2/28

1. Konobar je spor.
2. Konobarica je sporija.
3. Kruh je dobar.
4. Riba je bolja.
5. Djed je star.
6. Baka je starija.
7. Teo je lijep.
8. Nina je ljepša.

Von, als, mit, für – welches Wörtchen passt nur hier? Schon gemerkt: eines kommt zweimal vor.

3. Die richtige Präposition

od – s – za

1. Lignje __ roštilja.
2. __ gospođicu teleće pečenje.
3. Teleće pečenje __ krumpirima.
4. Ona je još sporija __ njega.

Damit Sie für Ihre nächste Bestellung gut präpariert sind, prägen Sie sich die Übersetzung ein.

4. Auf Deutsch

1. Lignje s roštilja.
2. Što Vam mogu donijeti?
3. Teleće pečenje s krumpirima.
4. Želite li nešto jesti?
5. Miješana salata.

Daj mi ruku!

2/29

šteta	schade
što	dass, weil
otputovati	abreisen
uživati	genießen
Ninin/Ninina/Ninino	Ninas
osmijeh	Lächeln
pretjeruješ	du übertreibst
ozbiljno	ernst
tužan/tužna/tužno	traurig
uskoro	bald
noć	Nacht
ruka	Hand

■ Šteta što već sutra moramo otputovati iz Dubrovnika.	Schade, dass wir schon morgen aus Dubrovnik abreisen müssen.
● Da. Bilo je lijepo. Ja sam stvarno uživao.	Ja. Es war schön. Ich habe es wirklich genossen.
■ Što ti je bilo najljepše?	Was war für dich das Schönste?
● Ninin osmijeh!	Ninas Lächeln!
■ Pretjeruješ!	Du übertreibst!
● Ne, ja to mislim ozbiljno.	Nein, ich meine das ernst.
■ Ah, Teo, tako sam tužna što uskoro moram otputovati u Njemačku.	Ach Teo, ich bin so traurig, weil ich bald nach Deutschland abreisen muss.
● Nina, molim te, zaboravimo to. Idemo radije šetati. Noć je lijepa.	Nina, bitte, vergessen wir das. Gehen wir lieber bummeln. Die Nacht ist schön.
■ Imaš pravo! Daj mi ruku!	Du hast recht! Gib mir die Hand!

2 x *šteta*:
1. schade
   Šteta što već ideš.
   Schade, dass du schon gehst.
2. der Schaden
   Moraš platiti štetu.
   Du musst den Schaden bezahlen.

mehrdeutiges *što*
1. als Fragewort
   was?
2. als Bindewort
   dass, weil, da

*Nin**in**, Nin**ina**, Nin**ino***: Ninas

Aus weiblichen Namen wird durch die Endung ***-in, -ina, -ino*** ein besitzanzeigendes Adjektiv (vgl. S. 49)

(m) *Nin**in** osmjeh*
Ninas Lächeln
(f) *Nin**ina** frizura*
Ninas Frisur
(n) *Nin**ino** vino*
Ninas Wein

pretjerivati:	**übertreiben**
*pretjeru**jem**:*	ich übertreibe
*pretjeru**ješ**:*	du übertreibst
*pretjeru**je**:*	er, sie, es übertreibt
*pretjeru**jemo**:*	wir übertreiben
*pretjeru**jete**:*	ihr übertreibt
*pretjeru**ju**:*	sie übertreiben

noć: Nacht, endet auf Konsonant, ist aber feminin!
***Noć** je lijep**a**:*
Die Nacht ist schön.

Übungen

Die Konjugation dieses Verbs ist schon ziemliche Zungengymnastik.
Zuhören und genüsslich nachsprechen.

1. Nicht übertreiben

2/30

1. Ja ne pretjerujem.
2. Ti ne pretjeruješ.
3. Teo ne pretjeruje.
4. Mi ne pretjerujemo.
5. Vi ne pretjerujete.
6. Oni ne pretjeruju.

Ninin, Ninina, Ninino sind eigentlich Adjektive, also auf die Endung achten!

2. Alles Ninas oder was?

*To je Nin**ina** torba.*

1. Čija je ovo torba?
2. Čiji je ovo ključ?
3. Čije je ovo piće?
4. Čija je ovo ležaljka?
5. Čiji je ovo auto?

Manchmal muss es eben schnell gehen. Die direkte Aufforderung erfordert den Akkusativ.

3. Gib's mir!

*Daj mi ruk**u**!*

1. ruka
2. ključ
3. boca
4. jelovnik
5. pivo
6. salata
7. dijete
8. torba

Fügen Sie das Satzpuzzle zusammen, so dass die Äußerungen zum letzten Dialog passen.

4. Ach ja?

1. Šteta što
   - a ☐ već sutra moramo otputovati.
   - b ☐ već sutra moramo jesti ribu.
2. Bilo je
   - a ☐ teško.
   - b ☐ lijepo.
3. Ja sam stvarno
   - a ☐ uživao.
   - b ☐ spavao.
4. Noć je
   - a ☐ tužna.
   - b ☐ lijepa.

Verflixt und zugenäht

17

In Kroatien wird nicht nur im Straßenverkehr, sondern auch in allen anderen Situationen oft und gern geflucht. Diese Unart ist quer durch alle Bevölkerungsschichten verbreitet, bei Männern aber ausgeprägter als bei Frauen. So nennt man besonders deftige Flüche auch *muška psovka* (männlicher Fluch). Während man sich im Deutschen beim Fluchen gern der Fäkalsprache bedient, sind die beliebtesten Kraftausdrücke im Kroatischen sexualisiert. Fluchen zur rhetorischen Verstärkung hat sich für viele im Sprachgebrauch etabliert, je nach Kinderstube kann eine an sich absolut neutrale Äußerung mit jedem zweiten Wort durch einen vulgären Ausdruck angereichert werden. Noch nicht einmal der Herrgott oder seine Heiligen werden verschont. Daher auch die Redewendung *psovati čitav kalendar* (wörtlich: den ganzen Kalender fluchen, im Sinne von wie ein Bierkutscher fluchen.) Ironischerweise fluchen viele, die sich selbst als überzeugte Katholiken bezeichnen, genauso grob wie „Gottlose" und wettern dabei ausgerechnet gegen die besonders verehrte Muttergottes. Dies entbehrt nicht einer gewissen Logik: nämlich den andern beim Fluchen an seiner empfindlichsten Stelle treffen. So richten sich vulgäre Flüche oft auch gegen die Mutter des Beschimpften!

Fluchen light
idiote: Idiot!
seronjo: Scheißkerl!
gubi se: verpiss dich!
budalo: Blödmann!
magarče: Esel!
glupa gusko: blöde Gans!

Sicher haben Sie es schon gemerkt, die nicht druckreifen Ausdrücke suchen Sie hier vergeblich. Kleiner Tipp: Lassen Sie sich bei einem feuchtfröhlichen Abend von einem Kroaten einweihen!

18

Abreise

Häuslebauer
Die schöne Küstengegend weckte bei so manchem Hinterland-Kroaten, aber auch bei Ausländern, Begehrlichkeiten nach einem eigenen Feriendomizil. Dies führte dazu, dass ganze Siedlungen wild in die Landschaft gebaut wurden und sich erst hinterher herausstellte, dass es keine entsprechenden Baugenehmigungen gab. In letzter Zeit werden die Verantwortlichen empfindlich zur Kasse gebeten, mancherorts half aber nur noch der Abriss-Bagger.

Der letzte Tag in Dubrovnik fängt für Teo und Nina hektisch an. Ausschlafen war nicht drin, weil das Hotelzimmer bis zehn Uhr geräumt sein muss. Auf Betten und Fußboden herrscht ein ziemliches Chaos. Nina versucht gerade mit Gewalt, ihren überquellenden Koffer zu schließen. *Nina, ne zaboravi svoju kozmetiku* (Nina, vergiss deine Kosmetik nicht), ruft Teo derweil aus dem Bad.
Endlich hat Nina ihren Koffer zu. Teo trägt seine Sachen schon mal nach unten. Nachdem sie das Zimmer einigermaßen ordentlich hinterlassen haben, machen Nina und Teo sich zum letzten Mal auf den Weg zum Strand. Sie wollen den letzten Tag noch bis zu Ende auskosten und nachts nach Zagreb zurückfahren.
Die Rückfahrt verläuft in ziemlich gedämpfter Stimmung. Nina ist von der Sonne müde und traurig, weil ihr Urlaub fast vorbei ist. *Nina, možemo li razgovarati da ne zaspim?* (Nina, können wir uns unterhalten, damit ich nicht einschlafe), unterbricht Teo endlich das Schweigen. *Naravno. A o čemu želiš govoriti?* (Natürlich. Und worüber möchtest du reden?), antwortet Nina. Teo möchte von Nina wissen, was sie für die letzten Tage in Zagreb geplant hat.

Koliko je sati?

18 A

2/31

zaboraviti	vergessen
tvoje stvari	deine Sachen
prtljaga	Gepäck
gotov/gotova/gotovo	fertig
Koliko je sati?	Wie viel Uhr ist es?
devet sati	neun Uhr
petnaest minuta	fünfzehn Minuten
predati	abgeben, übergeben
noću	nachts, in der Nacht
krenuti	losgehen, losfahren

● Nina, ne zaboravi kozmetiku!	Nina, vergiss nicht die Kosmetik!
■ Hvala! A gdje su tvoje stvari?	Danke! Und wo sind deine Sachen?
● Moja prtljaga je već u autu.	Mein Gepäck ist schon im Auto.
■ Dobro, i ja sam uskoro gotova. Koliko je sati, Teo?	Gut, ich bin auch bald fertig. Wie viel Uhr ist es, Teo?
● Devet je sati i petnaest minuta.	Es ist neun Uhr und fünfzehn Minuten.
■ Kada moramo predati ključ?	Wann müssen wir den Schlüssel abgeben?
● U deset.	Um zehn.
■ Teo, želiš li ti stvarno voziti noću?	Teo, möchtest du wirklich nachts fahren?
● Da. Danas još možemo ići na plažu, i tek večeras krenuti u Zagreb.	Ja. Heute können wir noch an den Strand gehen und erst heute Abend losfahren nach Zagreb.

Es ist ... Uhr
Jedan ***je sat.***
Es ist ein Uhr.
Dva ***su sata.***
Es ist zwei Uhr.
Pet ***je sati.***
Es ist fünf Uhr.

Eins und 21 + ***je sat***

Zwei, drei, vier und 22, 23, 24 + ***su sata***

Null und fünf bis 20 + ***je sati***

und ... Minuten
i jedna ***minuta***
und eine Minute
i dvije ***minute***
und zwei Minuten

zwei–vier, 22–24, 32–34, 42–44, 52–54 + ***minute***, sonst ***minuta***

Dvadeset dva ***su sata*** *i deset* ***minuta.***
Es ist 22 Uhr und zehn Minuten.

Possessivpronomen im Plural
meine; deine; Ihre
(m) *moj**i**, tvoj**i**, Vaš**i***
(f) *moj**e**, tvoj**e**, Vaš**e***
(n) *moj**a**, tvoj**a**, Vaš**a***

stvar ist feminin
moja stvar → moje stvari
meine Sache → meine Sachen

18 A

Übungen

Als die Telefone noch der Post gehörten, gab es die gute alte Zeitansage. Das hier hört sich ganz ähnlich an. Sprechen Sie's nach.

1. Beim nächsten Ton ist es …

2/32

1. Jedan je sat i jedna minuta.
2. Dva su sata i dvadeset dvije minute.
3. Dvadeset tri su sata i dvadeset tri minute.
4. Nula je sati i četiri minute.
5. Pet je sati i pet minuta.
6. Deset je sati i trideset minuta.

Hier soll alles in den Plural gesetzt werden.
Es kommt auf die Endungen der Pronomina und der Substantive an.

2. Meine, deine, Ihre …

*mo**je** stvar*i

1. moja stvar
2. tvoja ruka
3. Vaš prijatelj
4. tvoje pitanje
5. Vaš kovčeg

Immer muss man auf irgendwas oder irgendjemand warten. Werden Sie mit den Formen *gotov, gotova, gotovo* fertig?

3. Nichts ist fertig

*Večera **nije gotova**.*

1. večera
2. teleće pečenje
3. salata
4. doručak
5. Nina

Zum Üben: erst mal die „runden" Uhrzeiten. An *je* und *su* und *sat, sati, sata* denken! Unerwünscht, aber erlaubt: nachgucken auf S. 119.

4. Wie viel Uhr ist es?

***Dvanaest** je sati.*

1. 12:00
2. 3:00
3. 0:00
4. 16:00
5. 22:00
6. 19:00
7. 13:00
8. 1:00
9. 10:00
10. 24:00

Die Übersetzung diesmal anders herum. Fast alles finden Sie, wenn auch nicht wörtlich, im letzten Dialog.

5. Auf Kroatisch bitte

1. nachts fahren
2. Schlüssel abgeben
3. Wo sind deine Sachen?
4. Wie viel Uhr ist es?
5. Wir müssen losfahren.

Možemo li razgovarati?

2/33

razgovarati	sich unterhalten
da	damit
zaspati	einschlafen
o čemu	worüber
planirati	planen
zadnji/zadnja/zadnje	der/die/das letzte
odmoriti se	sich ausruhen
u srijedu	am Mittwoch
u četvrtak	am Donnerstag
pakirati stvari	Sachen packen
mobitel zvoni	das Handy klingelt
javiti se	sich melden

- ● Nina, možemo li razgovarati da ne zaspim? — Nina, können wir uns unterhalten, damit ich nicht einschlafe?
- ■ Naravno. A o čemu želiš govoriti? — Natürlich. Und worüber möchtest du reden?
- ● Što si planirala za zadnje dane u Zagrebu? — Was hast du für die letzten Tage in Zagreb geplant?
- ■ Sutra se možemo odmoriti, u srijedu ići u kupovinu, a u četvrtak pakirati stvari. — Morgen können wir uns ausruhen, am Mittwoch einkaufen gehen und am Donnerstag Sachen packen.
- ● Nina, moj mobitel zvoni. Molim te, možeš li se javiti? — Nina, mein Handy klingelt. Kannst du dich bitte melden?

***u* + Wochentag im Akkusativ: am ...**

u ponedjeljak:	am Montag
u utorak:	am Dienstag
u srijedu:	am Mittwoch
u četvrtak:	am Donnerstag
u petak:	am Freitag
u subotu:	am Samstag
u nedjelju:	am Sonntag

srijeda, subota und ***nedjelja*** sind feminin, die anderen Wochentage maskulin.

Akkusativ Plural
Adjektive + Substantive

(m) *zadnj**e** dan**e***
(f) *zadnj**e** minut**e***

***za* + Akkusativ: für**
za zadnje dane
für die letzten Tage

***razgovarati o* + Lokativ:**
sich unterhalten über ...
razgovarati o filmu

***govoriti o* + Lokativ:**
sprechen über ...
lijepo govoriti o prijatelju

Übungen

Führen Sie sich, bevor Sie die Übung machen, getrost noch einmal die Akkusativ-Endungen der Wochentage (S. 121) zu Gemüte.

1. An welchem Tag

2/34

***u** ponedjeljak*

1. ponedjeljak
2. utorak
3. srijeda
4. četvrtak
5. petak
6. subota
7. nedjelja

Damit die Konversation läuft, müssen Sie sich für die richtige Form entscheiden.

2. Plaudern über ...

1. govoriti
   a ☐ o crkve
   b ☐ o crkvi
2. razgovarati
   a ☐ o automobili
   b ☐ o automobilima
3. govoriti
   a ☐ o mami
   b ☐ o mamom
4. razgovarati
   a ☐ o film
   b ☐ o filmu

Alles das, was ich so mag, im Akkusativ ich sag!

3. Alles was ich mag

***Volim** sunčan**e** dan**e**.*

1. sunčani dani
2. stari automobili
3. mlade gospođice
4. velike sobe
5. srdačni ljudi

Damit die Sätze Sinn bekommen, setzen Sie das richtige Wörtchen ein.

4. Lücken stopfen

a – u – o – da – za

1. Možemo li razgovarati _ ne zaspim?
2. A _ čemu želiš govoriti?
3. Što si planirala _ zadnje dane?
4. _ srijedu ići _ kupovinu.

Kein kategorischer Imperativ, nur eine kleine Übersetzung!

5. Ins Kroatische

1. Ich muss die Sachen packen.
2. Ich muss besser planen.
3. Ich muss mich ausruhen.
4. Ich muss mich melden.

Feste feiern

Man soll die Feste feiern, wie sie fallen – dieses Motto gilt für viele Kroaten, die gern und oft von der Möglichkeit Gebrauch machen, Familie und Freunde um sich zu versammeln, einen (oder zwei oder drei) Schluck zu trinken und einfach Freude zu haben. Gelegenheiten gibt es viele, außer Geburtstagen und Namenstagen – die häufig in größerem Stil gefeiert werden als der Geburtstag selbst – natürlich die kirchlichen Feiertage wie Weihnachten und Ostern, aber auch Maria Himmelfahrt am 15. August. Besonders auf den Dörfern sind an diesem Tag alle schon früh auf den Beinen. Jeder möchte an der Prozession durch den Ort, dem gemeinsamen Kirchgang und dem abschließenden Essen unter freiem Himmel teilhaben.

Im Herbst wird dann in den Weinbaugebieten des Zagorje St. Martin besondere Ehre zuteil. Er reitet keinem Laternenumzug vorweg, sondern segnet – höchst verantwortungsvoll – den neuen Wein. Begrüßt wird er im schönsten kajkavischen Dialekt: *Dobro vam došel Sveti Martin, on ga bu krstil, ja ga bum pil.* Frei übersetzt: Er sei euch willkommen, der heilige Martin, er wird den Wein taufen, ich ihn dann saufen.

Feiertage
Nova godina: Neujahr
Veliki petak: Karfreitag
Uskrs: Ostern
Duhovi: Pfingsten
Velika Gospa: Maria Himmelfahrt
Badnjak: Heiligabend
Božić: Weihnachten
Silvestrovo: Sylvester

Prvi svibanj: 1. Mai
Dan državnosti: Tag des Staates am 30. 5.

19

Wieder in Zagreb

Gold steht bei den Kroaten hoch im Kurs. Nicht selten gibt's schon für die Allerkleinsten zur Geburt Goldkettchen oder Armbändchen. In Zagreb gibt es eine große Auswahl an Schmuckgeschäften, die insbesondere Goldschmuck vertreiben. Ein beliebter Kosename für den oder die Liebste, aber auch Kinder ist *Zlato* (Gold).

Nach den Tagen in Dubrovnik findet Nina die Hauptstadt Zagreb nur noch laut, heiß und hektisch. Sie vermisst das gemächliche Schlendern durch die alten Gässchen, den Blick aufs Meer und die romantischen Sonnenuntergänge.
Um Nina ein bisschen aufzumuntern, schlägt Teo einen Stadtbummel vor. Doch ihre schlechte Laune lässt sich nicht so einfach vertreiben, besonders, weil sie unter ihrer eigenen Unordnung leidet. *Teo, jesi li negdje vidio moju torbu?* (Teo, hast du irgendwo meine Tasche gesehen?), fragt Nina entnervt. Teo versucht sie zu beruhigen und weiß auch gleich, wo sie suchen muss: *Jesi li pogledala u ormaru?* (Hast du im Schrank nachgeschaut?)
Bei dem Bummel durch die Altstadt bessert sich Ninas Laune merklich. Interessiert drückt sie sich mit Teo die Nase an den Schaufenstern der vornehmen Antiquitätengeschäfte platt und richtet im Geiste ihre Sommerresidenz in Dubrovnik ein. Auf dem Heimweg entdecken sie in einem Innenhof einen kleinen Schmuckladen mit wunderschönem Silberschmuck. Nina probiert einige Ketten und Ringe: *Teo, kako ti se sviđa ovaj prsten?* (Teo, wie gefällt dir dieser Ring?) Auch wenn Teo nicht gerade ein Schmuckkenner ist, nickt er wohlwollend. Leider lassen Ninas Finanzen zum Ende der Ferien den Kauf eines so teuren Stücks nicht mehr zu und so verlassen sie den Laden mit leeren Händen.

Tko traži, taj nađe!

2/35

negdje	irgendwo
tražiš	du suchst
tražim	ich suche
svoj/svoja/svoje	mein, dein, sein, Ihr ... (rückbzgl.)
svoju torbu	meine Tasche
novčanik	Portemonnaie
novac	Geld
svi/sve/sva	alle
dokumenti	Dokumente
ormar	Schrank
nađe	er, sie, es findet

■ Teo, jesi li negdje vidio moju torbu?	Teo, hast du irgendwo meine Tasche gesehen?
● Molim? Što tražiš?	Wie bitte? Was suchst du?
■ Tražim svoju torbu.	Ich suche meine Tasche.
● Ali, Nina, mi idemo samo u grad šetati. Trebaš li ti uopće svoju torbu?	Aber Nina, wir gehen nur in die Stadt bummeln. Brauchst du überhaupt deine Tasche?
■ Naravno! U torbi je moj novčanik, a u novčaniku novac i svi moji dokumenti.	Natürlich! In der Tasche ist mein Portemonnaie, und im Portemonnaie das Geld und alle meine Dokumente.
● Jesi li pogledala u ormaru?	Hast du im Schrank nachgeschaut?
■ Nisam. Ah bravo, tu je sve: novčanik, novac i dokumenti.	Hab' ich nicht. Ach, bravo hier ist alles: das Portemonnaie, das Geld und die Dokumente.
● Tko traži, taj nađe!	Wer suchet, der findet!

Possessivpronomen im Akkusativ
(m) *moj* → ***moj***
(f) *moja* → ***moju***
(n) *moje* → ***moje***

Ti imaš ***moj*** *kovčeg.*
Du hast meinen Koffer.
Ti tražiš ***moju*** *torbu.*
Du sucht meine Tasche.
Ti piješ ***moje*** *pivo.*
Du trinkst mein Bier.

genauso: *tvoj, tvoja, tvoje*

svoj, svoja, svoje
Statt *moj, tvoj...*
muss *svoj, svoja, svoje* verwendet werden, wenn der **Besitzer** auch **Subjekt** im Satz ist:
Ja *tražim* ***svoju*** *torbu.*
Ich suche meine Tasche.
Nina *traži* ***svoju*** *torbu.*
Nina sucht ihre Tasche.

Deklination wie *moj, moja, moje.*

tražiti: **suchen**
*traž**im**:* ich suche
*traž**iš**:* du suchst
weiter wie *raditi* (S. 21)

svi/sve/sva: **alle**
(m) *svi Hrvati:* alle Kroaten
(f) *sve sobe:* alle Zimmer
(n) *sva stabla:* alle Bäume

Übungen

Immer schön nachsprechen. Überlegen Sie, warum es *svoj, svoja, svoje* heißen muss!

1. Eigenbrötler

▶ 2/36

1. Ja tražim samo svoje pravo.
2. Ti vidiš samo svoj problem.
3. Škrtac voli samo svoj novac.
4. Nijemci piju samo svoje pivo.
5. Teo voli samo svoju Ninu.

Sie entscheiden sich bestimmt ausnahmslos richtig für alle Formen von *svi, sve, sva.*

2. Ausnahmslos

***Svi** ljudi žele imati novac.*

1. Ljudi žele imati novac.
2. Hrvati govore hrvatski.
3. Ribe znaju plivati.
4. Pitanja su različita.

Was hier gesucht wird, ist die entsprechende Umwandlung des rückbezüglichen Pronomens in das entsprechende Personalpronomen. Dann finden Sie mal!

3. Wer sucht, der findet

*Teo, jesi li vidio **moju** torbu.*

1. Tražim svoju torbu.
2. Tražim svoj novčanik.
3. Tražim svoje jelo.
4. Tražim svoju osobnu kartu.
5. Tražim svoj novac.

Entscheiden Sie sich für *svojem* oder *svojoj*, je nachdem, ob das, wovon die Rede ist, (m), (f) oder (n) ist.

4. Worüber redet man?

*Nina često govori o **svojoj** sreći.*

1. Nina često govori o ________ sreći.
2. Škrtac nikada ne govori o ________ novcu.
3. Ti govoriš lijepo o ________ gradu.
4. Hrvat rado govori o ________ moru.

Alles gefunden? Wenn Ihnen Vokabeln fehlen: zurückblättern zum Dialog oder vorblättern zur Wortliste.

5. Auf Deutsch

1. Torba je u ormaru.
2. Novčanik je u torbi.
3. Novac je u novčaniku.
4. Tu je sve.

Sve od srebra

19 B

2/37

sviđa ti se	dir gefällt
prsten	Ring
prekrasan/prekrasna/-o	wunderschön
srebro	Silber
platina	Platin
od srebra	aus Silber
srebrn/srebrna/srebrno	silbern/e/es
nakit	Schmuck
zlato	Gold
staklo	Glas
od stakla	aus Glas

■ Teo, kako ti se sviđa ovaj prsten?	Teo, wie gefällt dir dieser Ring?
● Prekrasan je! Je li to srebro ili platina?	Er ist wunderschön! Ist das Silber oder Platin?
■ Prsten je od srebra.	Der Ring ist aus Silber.
● Svakako, tebi srebrni nakit super stoji.	Auf jeden Fall steht dir Silberschmuck super.
■ Hvala, ali ja volim i zlato i nakit od stakla.	Danke, aber ich mag auch Gold und Schmuck aus Glas.
● Nina, želiš li taj prsten kupiti?	Nina, möchtest du diesen Ring kaufen?
■ Ne znam. Prelijep je, ali i preskup. Što ti misliš?	Ich weiß nicht. Er ist sehr schön, aber auch zu teuer. Was denkst du?
● Ti si sve rekla. Studenti ne kupuju skupe stvari!	Du hast alles gesagt. Studenten kaufen keine teuren Sachen!

***od* + Genitiv: aus**
srebro → ***od** srebr**a***
Silber → aus Silber

zlato → ***od** zlat**a***
Gold → aus Gold

platina → ***od** platin**e***
Platin → aus Platin

staklo → ***od** stakl**a***
Glas → aus Glas

od: **aus** nur für Materialien!

***sviđati se:* gefallen**
*sviđa **mi** se:* mir gefällt
*sviđa **ti** se:* dir gefällt
*sviđa **mu** se:* ihm gefällt
*sviđa **joj** se:* ihr gefällt

Übungen

Eine wunderschöne Hör- und Nachplapperübung.

1. Alles wunderschön ...

▶ 2/38

*Prsten **je prekrasan**.*

1. Kako ti se sviđa prsten?
2. Kako ti se sviđa soba?
3. Kako ti se sviđa more?
4. Kako ti se sviđa nakit?
5. Kako ti se sviđa grad?

Entscheiden Sie sich hier für die höfliche, nicht für die ehrliche Antwort!

2. Nette Erwiderungen

1. Kako ti se sviđa ovaj prsten?
   a ☐ Glupa gusko!
   b ☐ Prekrasan je.
2. Tebi srebrni nakit super stoji.
   a ☐ Hvala.
   b ☐ Mekušac!
3. Želiš li taj prsten kupiti?
   a ☐ Idiote!
   b ☐ Ne znam.
4. Što ti misliš?
   a ☐ Gubi se!
   b ☐ Ti si sve rekla.

Woraus etwas ist, drücken Sie mit *od* + Genitiv aus.

3. Aus welchem Material?

*Prsten je **od** zlata.*

1. prsten – zlato
2. boca – staklo
3. nakit – platina
4. pribor – srebro

Nicht nur für den nächsten Deal am Schmuckstand wäre es nicht schlecht, wenn Sie's auch auf Kroatisch sagen können.

4. Auf Kroatisch

1. Silber oder Gold?
2. Aus Silber oder aus Gold?
3. Silberschmuck
4. Der Ring ist wunderschön.
5. Du hast alles gesagt.

Kein Problem

19

Nema problema – diese Äußerung kann man in Kroatien tagtäglich tausendfach in den unterschiedlichsten Situationen hören. Und in der Tat, die Kroaten zeigen sich im Umgang mit Problemen jeglicher Art relativ gelassen. Besonders auf dem Land ist nur wenig von Hektik und Stresssyndromen der westlichen Welt zu spüren: Zeit für einen Schwatz mit dem Nachbarn oder einen Kaffee bleibt immer. Auch wenn die Kroaten auf ihre Nation sehr stolz sind – Fremden, besonders Touristen gegenüber, verhalten sie sich in der Regel aufgeschlossen und freundlich. Familienanschluss und Hilfsbereitschaft werden großgeschrieben, Einladungen zum Essen großzügig ausgesprochen und auch so gemeint. Schneit jemand unerwartet während des Mittag- oder Abendessens herein, wird eben ein Teller mehr auf den Tisch gestellt. Die Einladung ablehnen oder sich zieren gilt nicht. Typisch deutsche Tugenden wie Pünktlichkeit oder das strikte Einhalten von Regeln werden von den Kroaten nicht so eng gesehen. Das ist für Auswärtige (besonders im Straßenverkehr) nicht immer leicht nachzuvollziehen. Der Bus kommt später oder gar nicht? Mag schon sein. Dafür bringt der Fahrer einen auch schon mal direkt vor die Haustür, weil man so viel zu schleppen hat – selbst wenn's ein Umweg ist.

Živjeli
Der Trinkspruch schlechthin: Lass/lasst uns (hoch)leben! Beim Anstoßen dem Gegenüber immer fest in die Augen sehen, alles andere gilt als grob unhöflich.

20

Komm wieder!

Herzensworte
Ljubavi: Liebes, Liebling!
Draga: Liebste!
Dragi: Liebster!
Srce: mein Herz!
Dušo: mein Herz! (wörtlich: meine Seele)
Zlato: mein Schatz/ Goldschatz!

Ninas Urlaub in Kroatien ist zu Ende. Als sie am Flughafen aus Teos Auto steigt, kommt es ihr vor, als sei sie erst vor ein paar Tagen gelandet. Teo holt ihr Gepäck aus dem Kofferraum. Schweigend legen sie den Weg zum Flughafengebäude zurück. Kaum sind sie drin, bricht es schon aus Nina heraus: *Ah, Teo, bilo je tako lijepo, ali prekratko* (Ach, Teo, es war so schön, aber zu kurz). Teo sieht auch ziemlich unglücklich aus. Etwas unbeholfen tätschelt er Nina den Rücken und verspricht ihr ein baldiges Wiedersehen. Vielleicht kann er ein weiteres Auslandssemester in Mainz einrichten.
Über Lautsprecher werden die Passagiere aufgefordert, sich zur Abflughalle zu begeben. Teo räuspert sich: *Ljubavi, ti već moraš u zrakoplov* (Liebste, du musst schon zum Flugzeug). Nina weiß, dass Teo Abschiedsszenen jeglicher Art hasst. Deshalb bringt sie sogar ein klägliches Lächeln zustande: *Bok, Teo* (Tschüss, Teo). Ein letzter Kuss, eine Umarmung und schon verschwindet Nina mit den anderen Passagieren in Richtung Abflughalle. Teo sieht ihr lange nach und schwört sich, sie das nächste Mal nicht mehr gehen zu lassen. Eine Fernbeziehung ist auf Dauer wirklich nicht das Richtige. Zielsicher marschiert er auf den Serviceschalter der Croatia Airlines zu, um sich nach dem Ticketpreis für einen einfachen Flug nach Frankfurt zu erkundigen ...

Smiri se!

20 A

2/39

kratak/kratka/kratko	kurz
traje	er, sie, es dauert
uskoro	bald
opet	wieder
vidjeti se	sich sehen
znači	er, sie, es bedeutet/heißt
učiniti	tun, machen
što prije	so bald wie möglich
ipak	trotzdem
smiri se	beruhige dich
za tebe	für dich
poljubiti	küssen

■ Ah, Teo, bilo je tako lijepo, ali prekratko.	Ach, Teo, es war so schön, aber zu kurz.
● Tako je to u životu; sve što je lijepo, kratko traje! Ali, mi ćemo se uskoro opet vidjeti.	So ist das im Leben, alles was schön ist, dauert kurz! Aber wir werden uns bald wieder sehen.
■ Što znači uskoro? Kada?	Was heißt bald? Wann?
● Nina, ja ću sve učiniti da se što prije vidimo u Njemačkoj.	Nina, ich werde alles tun, damit wir uns so bald wie möglich in Deutschland wiedersehen.
■ Znam, Teo, ali sam ipak tako tužna!	Ich weiß, Teo, aber ich bin trotzdem so traurig!
● Smiri se, imam nešto za tebe!	Beruhige dich, ich habe etwas für dich!
■ Ti si lud! ... Srebrni prsten! ... Ah, Teo, moram te poljubiti!	Du bist verrückt! ... Der silberne Ring! ... Ach Teo, ich muss dich küssen!

***trajati:* dauern**
traje: er, sie, es dauert
traju: sie dauern

***za* + Akkusativpronomen: für**
za mene: für mich
za tebe: für dich
za njega: für ihn
za nju: für sie

***značiti:* bedeuten**
*zna**čim**:* ich bedeute
*zna**čiš**:* du bedeutest
*zna**či**:* er, sie, es bedeutet
weiter wie *raditi* (S. 21)

20 A

Übungen

Hinter *uskoro* können sich verschiedene Zeitangaben verstecken. Die sollen Sie nicht bald, sondern gleich mitsprechen!

1. Bald heißt ...

▶ 2/40

Uskoro ***znači večeras.***

1. večeras
2. sutra
3. u petak
4. u osam sati
5. sljedeći tjedan

Normalerweise macht Ninas und Teos Konversation Sinn. Sorgen Sie dafür, dass das so bleibt.

2. Zuordnen

1. Ah, Teo, bilo je tako lijepo, — a ☐ ali prekratko. / b ☐ ali zanimljivo.
2. Ali, mi ćemo se — a ☐ uskoro opet voziti. / b ☐ uskoro opet vidjeti.
3. Znam, Teo, ali sam ipak — a ☐ tako tužna. / b ☐ tako gladna.
4. Smiri se, imam — a ☐ srebrni prsten. / b ☐ nešto za tebe.

Hier sollen Sie im Hinblick auf Ihren Gefühlszustand widersprechen.

3. Trotzdem

Ipak sam *tako tužna.*

1. biti tako tužan
2. biti tako umoran
3. biti tako gladan
4. biti tako bolestan
5. biti tako radoznao

Was kurz dauert, ist kurz. Formulieren Sie's entsprechend im Hinblick auf Geschlecht und Singular/Plural.

4. Das Leben ist kurz

Život ***je kratak.***

1. Život kratko traje.
2. Večera kratko traje.
3. Film kratko traje.
4. Dani kratko traju.
5. Noć kratko traje.
6. Tjedan kratko traje.
7. Večere kratko traju.
8. Dnevnik kratko traje.

Für alle, die an chronischer Aufschieberitis leiden: Gehen Sie die Übersetzung dieses Mal so bald wie möglich an.

5. Auf Deutsch

1. što prije otputovati
2. što prije se javiti
3. što prije se vidjeti
4. što prije rezervirati sobu
5. što prije ići u kupovinu

Budi hrabra!

2/41

Ljubavi	Liebes, Liebling
zrakoplov	Flugzeug
hrabar/hrabra/hrabro	tapfer, mutig
vjeran/vjerna/vjerno	treu
nazovi me	ruf mich an
čim	sobald
stignem	ich komme an
Dragi	Liebster
pozdravi	grüß
Ninice	Ninalein (Anrede)

● Ljubavi, ti već moraš u zrakoplov.	Liebes, du musst schon ins Flugzeug.
■ Glupi zrakoplov!	Blödes Flugzeug!
● Budi hrabra!	Sei tapfer!
■ A ti budi vjeran!	Und du sei treu!
● Svaki dan ću misliti na tebe! Molim te nazovi me iz Mainza.	Jeden Tag werde ich an dich denken! Bitte ruf mich aus Mainz an.
■ Čim stignem, Dragi. Molim te, lijepo pozdravi svoju obitelj i Gorana.	Sobald ich ankomme, Liebster. Bitte, grüß schön deine Familie und Goran.
● A ti pozdravi svoje roditelje.	Und du grüß deine Eltern.
■ Bok, Teo!	Tschüss, Teo!
● Bok, Ninice!	Tschüss, Ninalein!

Verkleinerungsform
Feminina auf ***-a***
Stamm + ***-ica***
glava: Kopf → *glav**ica**:* Köpfchen
Nina: Nina → *Nin**ica**:* Ninalein

Akkusativ Plural
Possessivpronomen + Substantiv
(m) auf ***-e***
tvoji roditelji → *tvoj**e** roditelje*
*Volim tvoj**e** roditelj**e**.*
Ich mag deine Eltern.

Aber:
*Pozdravi **svoje** roditelje.*
Grüß deine Eltern.

svoje ersetzt ***tvoje***, da Subjekt des Satzes (du) der „Besitzer" der Eltern *(roditelji)* ist. (vgl. S. 125)

Minideklination
Feminina auf Konsonant
Akkusativ = Nominativ

Genitiv, Dativ und Lokativ auf ***-i***

obitelj → *obitelji*

Übungen

Scheiden tut weh. Damit er oder sie sich auch wirklich bald meldet, sollte man die Aufforderung mit verschiedenen Kosenamen variieren. Hören Sie mal, wie viel Gefühl da drinsteckt!

1. Ruf mich an

2/42

*Ljubavi, **nazovi me**!*

1. Ljubavi
2. Draga
3. Dragi
4. Dušo
5. Srce
6. Zlato

Aus Nominativ wird Akkusativ. Auch das Possessivpronomen wird geändert.

2. Grüß deine ...

*Pozdravi **svoje** roditelje!*

1. tvoji roditelji
2. tvoji prijatelji
3. tvoji ljudi
4. tvoji studenti

Stellen Sie sich vor, Sie reden mit einem ganz kleinen Kind. Klar, dass alle Substantive mit *-ica* verniedlicht werden.

3. Babysprache

*Ti si moja Nini**ca**.*

1. Ti si moja Nina.
2. Boli li te glava?
3. Tu je tvoja soba.
4. Gdje je moja torba?

Entscheiden Sie sich zwischen *obitelj* und *obitelji*. Nach dieser Übung wissen Sie auch, ob Sie behalten haben, welche Präpositionen mit welchem Fall stehen.

4. Alles über deine Familie

Pozdravi svoju obitelj.

1. Pozdravi svoju ____.
2. Reci mi nešto o svojoj ____.
3. Tko se zove Teo u tvojoj ____.
4. Tvoja ____ je zanimljiva.
5. Dobio sam e-mail od ____.

101 Dalmatiner

20

Kroatien ist in Deutschland bekannt als Urlaubsziel und auch für seine Küche. Dass es darüber hinaus aber „typisch" Kroatisches gibt, was aus dem deutschen Alltagsleben nicht mehr wegzudenken ist, wissen nur wenige: So ist beispielsweise der Erfinder des wohl populärsten Werbegeschenkes ein Kroate. Des Bleistiftanspitzens müde, erfand der Ingenieur Penkala 1906 den Kuli und gab dem Schreibgerät in Kroatien auch seinen Namen.
Kalkstein von der Insel Brač, von den Kroaten als Marmor bezeichnet, wurde unter anderem für den Bau des Brandenburger Tors verwendet.
Freunde gediegener Wohnkultur trinken ihr Bierchen nicht selten an Eichenholztischen aus slawonischen Wäldern.
Nicht nur bei deutschen Hundefreunden sehr beliebt: die aus Kroatien stammenden, getupften Vierbeiner, die nach dem Disneyfilm „101 Dalmatiner" boommäßig in Mode kamen. Der entsprechende Film über die ungetupften Zweibeiner steht noch aus ...

Kroatischer Weltenbummler?
Ein bedeutender Mann, den die Kroaten gern in ihrer Ahnengalerie sehen: der Weltreisende Marco Polo, dessen Geburtshaus auf der Insel *Korčula* zu besichtigen ist.

Interessanterweise wird Marco Polo samt seiner Verdienste auch von den Italienern, insbesondere den Bewohnern Venedigs, für sich beansprucht ...

T

Test 5

Hier können Sie testen, was Sie behalten haben.

1. Welche Antwort stimmt?

1. Der kroatische Nationalfeiertag ist am ...
   a ☐ 15. August.
   b ☐ 31. Dezember.
   c ☐ 30. Mai.

2. Der Kosename ***Zlato*** leitet sich von welchem Material ab?
   a ☐ Gold.
   b ☐ Platin.
   c ☐ Silber.

3. Der heilige Martin segnet im Herbst ...
   a ☐ die kleinen Kinder.
   b ☐ die fetten Gänse.
   c ☐ den neuen Wein.

4. ***Živjeli*** bedeutet wörtlich ...
   a ☐ einer geht noch.
   b ☐ lasst uns weitertrinken.
   c ☐ lasst uns hochleben.

5. Den Kugelschreiber hat erfunden ...
   a ☐ Pelikan.
   b ☐ Penkala.
   c ☐ Parker.

6. Welcher Hund stammt aus der Gegend um Dubrovnik?
   a ☐ Dobermann.
   b ☐ Dogge.
   c ☐ Dalmatiner.

2. Fragen und Antworten

Ordnen Sie den Fragen die richtigen Antworten zu. Es handelt sich um keinen absurden Dialog!

1. Kako ti se sviđa ovaj prsten?	a ☐ Tražim svoju torbu.
2. Što tražiš?	b ☐ Bocu crnog vina.
3. Kada moramo predati ključ?	c ☐ Moja prtljaga je već u autu.
4. Što vam mogu donijeti?	d ☐ Prekrasan je.
5. Gdje su tvoje stvari?	e ☐ U deset.

3. Was fehlt?

Hier kommt es darauf an, sich für das richtige Wörtchen zu entscheiden. Sonst taucht ihr Handy beispielsweise ab, statt zu klingeln!

1. Prsten je __ srebra.
   a ☐ od
   b ☐ sa
   c ☐ na

2. Tko traži, taj ____.
   a ☐ traje
   b ☐ nađe
   c ☐ ide

3. Dva __ sata.
   a ☐ je
   b ☐ su
   c ☐ smo

4. Moj mobitel ____.
   a ☐ roni
   b ☐ dolazi
   c ☐ zvoni

5. Nin_ osmijeh je najljepši.
   a ☐ a
   b ☐ in
   c ☐ u

6. Konobar je spor, a konobarica još ____ od njega.
   a ☐ ljepša
   b ☐ starija
   c ☐ sporija

4. Wie sagt man auf Kroatisch?

Mit dieser Übersetzung üben Sie die richtigen Worte beim Abschied von Ihrem Urlaubsflirt.

1. Es war so schön.
2. Beruhige dich!
3. Liebling!
4. Ruf mich an!
5. Ich muss dich küssen!
6. Grüß deine Eltern.

L Lösungsschlüssel

1 A Übungen

1. Sprechen Sie nach Falls Sie die Sätze nicht verstehen, **1.–5.** bedeuten: Ich reise nach Split, Šibenik, Čakovec, Dubrovnik und Zagreb. Kramen Sie ruhig mal einen Atlas aus und schauen Sie nach, wo genau diese Städte liegen.

2. Was gehört zusammen **1.** c **2.** a **3.** e **4.** b **5.** d

3. Ich heiße ... **1.** Ja se zovem Ivica Kostelić. Genau wie seine Schwester Janica Ski-Ass mit WM-Titel. **2.** Ja se zovem Goran Ivanišević. Ivanišević ist das kroatische Pendant zu Boris Becker. **3.** Ja se zovem Luka Modrić. Modrić wurde 2018 als *Weltfußballer des Jahres* ausgezeichnet. **4.** Ja se zovem Nikola Pilić. Der bekannte Tennis-Trainer heizte unter anderem deutschen Davis-Cup Teilnehmern ein. **5.** Ja se zovem Janica Kostelić. **6.** Ja se zovem Miroslav Nemec. Der Münchner Tatort-Kommissar stammt – Sie haben es schon geahnt – ebenfalls aus Kroatien.

4. So ein Durcheinander **1.** Vi govorite hrvatski! (Sie sprechen Kroatisch!) **2.** Putujem u Split. (Ich reise nach Split.) **3.** Ja sam Ana Kos. (Ich bin Ana Kos.) **4.** Ja se zovem Nina. (Ich heiße Nina.)

5. Welche Erwiderung passt? **1.** b **2.** c **3.** d **4.** a

1 B Übungen

1. Richtige Begrüßung **1.** Ana, dobro došla! **2.** Mirko, dobro došao! **3.** Teo, dobro došao! **4.** Marija, dobro došla!

2. Richtige Antwort **1.** a **2.** b **3.** b

3. Richtiger Dialog **1.** Bok, Teo. **2.** Nina, konačno. Dobro došla. **3.** Kako si? **4.** Hvala, dobro. **5.** Izgledaš odlično. **6.** Hvala, ti također. **7.** Idemo, auto je vani.

4. Richtige Endung **1.** Izgledaš odlično. **2.** Idemo, auto je vani. **3.** Kamo putujete? **4.** Vi govorite hrvatski!

2 A Übungen

1. Die richtige Anrede **1.** Dobar dan, gospođice Lang! **2.** Dobar dan, gospođo Kos! **3.** Dobar dan, gospođice Feldbusch (verheiratete Poth)! **4.** Dobar dan, gospođo Rajter! **5.** Dobar dan, gospođice Mayer!

2. Keine Kleinigkeiten **1.** e **2.** d **3.** a **4.** b **5.** c

3. Mein und dein **1.** Gdje je moj kovčeg? Tvoj kovčeg je tu. **2.** Gdje je moja torba? Tvoja torba je vani. **3.** Gdje je moje pivo? Tvoje pivo je tu. **4.** Gdje je moja mama? Tvoja mama je vani. **5.** Gdje je moj auto? Tvoj auto je tu.

4. Was fehlt? **1.** Gospođice Lang, i Vi ste još tu. **2.** Kako si? **3.** Gdje su moj kovčeg i moja torba? **4.** Ja sam Teo Bolić. **5.** Auto je vani.

5. Nachplappern **1.** Du siehst toll aus. **2.** Auf Wiedersehen. **3.** Endlich. **4.** Fräulein Šušković. **5.** Mein Koffer. **6.** Auch, ebenfalls. **7.** Frau Šarić. **8.** Sechszehn.

2 B Übungen

1. Hungrig, durstig, müde **1.** Nina: Gladna sam. **2.** Teo: Gladan sam. **3.** Nina: Žedna sam. **4.** Teo: Žedan sam. **5.** Nina: Umorna sam. **6.** Teo: Umoran sam.

2. Auf Kroatisch bitte **1.** Dobro jutro! **2.** Bok! **3.** Dobar dan! **4.** Bok! **5.** Dobra večer! **6.** Doviđenja! **7.** Ugodan boravak!

3. Alles voll **1.** Kovčeg je pun. **2.** Hladnjak je pun. **3.** Pjaca je puna. **4.** Trbuh je pun.

5. Auto je pun. **6.** Torba je puna.

4. Alles leer 1. Hladnjak je prazan. **2.** Torba je prazna. **3.** Trbuh je prazan. **4.** Auto je prazan. **5.** Kovčeg je prazan. **6.** Pjaca je prazna.

5. Kein Problem 1. Nema problema, moj hladnjak je pun. **2.** Nema problema, moj auto je vani. **3.** Nema problema, Nina govori hrvatski. **4.** Nema problema, idemo pogledati. **5.** Nema problema, Teo je tu.

3 A Übungen

1. Wo ist ... ? 1. Moj prijatelj je u Splitu. **2.** Tvoja fotografija je u torbi. **3.** Tvoje pivo je u hladnjaku. **4.** Moja mama je u Zagrebu. **5.** Moj auto je u Sarajevu.

2. Was gehört zusammen? 1. e **2.** d und a. **3.** b **4.** c **5.** a und d

3. Schön der Reihe nach 1. Tko je ovo na fotografiji? **2.** To je moj prijatelj. **3.** Kako se on zove? **4.** Zove se Goran. **5.** Što radi?

4. Wer oder was? 1. Tko je ovo? To je moj prijatelj. **2.** Tko je ovo? To je gospođa Kos. **3.** Tko je ovo? To je moja mama. **4.** Što je ovo? To je moj auto. **5.** Tko je ovo? To je gospođica Lang. **6.** Što je ovo? To je moja torba.

5. Alles hat ein Ende 1. Gdje radi tvoja mama? **2.** Ja radim u Zagrebu. **3.** Što ti radiš? **4.** Ah, Vi radite u Rimu! **5.** Moj prijatelj i ja radimo u Berlinu. **6.** Ana i Nina također rade.

3 B Übungen

1. Stellen Sie Fragen 1. Govori li Nina hrvatski? **2.** Govorite li Vi njemački? **3.** Imaš li ti sve? **4.** Ide li tvoj prijatelj u grad? **5.** Putuje li Christof u Čile? **6.** Rade li Antonia i Milena u Hamburgu?

2. Alles ist schön 1. Vrijeme je lijepo. **2.** Torba je lijepa. **3.** Grad je lijep. **4.** Kovčeg je lijep. **5.** Nina je lijepa. **6.** Zagreb je lijep. **7.** Auto je lijep. **8.** Fotografija je lijepa.

3. Länder und Sprachen 1. e **2.** f **3.** b **4.** g **5.** a **6.** c **7.** d

4. Wohin reisen Sie? 1. Putujem u Austriju. **2.** Putujem u Rim. **3.** Putujem u Njemačku. **4.** Putujem u Italiju. **5.** Putujem u Sarajevo. **6.** Putujem u Čile. **7.** Putujem u London. **8.** Putujem u Varšavu. **9.** Putujem u Brazil. **10.** Putujem u Ameriku.

4 A Übungen

1. Aufhänger 1. Sviđa mi se grad. **2.** Sviđa mi se dijete. **3.** Sviđa mi se katedrala. **4.** Sviđa mi se Zagreb. **5.** Sviđa mi se tvoj prijatelj. **6.** Sviđa mi se Teo. **7.** Sviđa mi se tvoja torba. **8.** Sviđa mi se vrijeme.

2. Was für eine Übung 1. Kakva je ovo crkva? **2.** Kakva je ovo fotografija? **3.** Kakvo je ovo pivo? **4.** Kakvo je ovo vrijeme? **5.** Kakav je ovo auto?

3. Ganz schön alt 1. Crkva je vrlo stara. **2.** Moj prijatelj je vrlo star. **3.** Tvoj auto je vrlo star. **4.** Grad je vrlo star. **5.** Katedrala je vrlo stara. **6.** Moja torba je vrlo stara.

4. Welche Antwort passt? 1. b **2.** b **3.** b **4.** a

5. Auf Kroatisch bitte 1. To je vrlo dobro. **2.** Grad je vrlo lijep. **3.** Vrijeme je vrlo toplo. **4.** Dan je vrlo sunčan.

4 B Übungen

1. Wo gefällt es Ihnen am besten? 1. U parku je najljepše. **2.** U Zagrebu je najljepše. **3.** U katedrali je najljepše. **4.** U autu je najljepše. **5.** U gradu je najljepše.

2. Verknüpfen Sie 1. d **2.** a **3.** b **4.** c

3. Liebst du mich? 1. Voliš li me, Nina? **2.** Voliš li me, Ana? **3.** Voliš li me, Petra? **4.** Voliš li me, Marija? **5.** Voliš li me, Branko? **6.** Voliš li me, Franjo? **7.** Voliš li me, Teo? **8.** Voliš li me, Toni?

4. Nicht so nett **1.** Nina je glupa. **2.** Anna je glupa. **3.** Petra je glupa. **4.** Marija je glupa. **5.** Branko je glup. **6.** Franjo je glup. **7.** Teo je glup. **8.** Toni je glup.

T 1 Test

1. Welche Antwort stimmt? **1.** b **2.** b **3.** b **4.** b **5.** b **6.** c
2. Fragen und Antworten **1.** f **2.** d **3.** e **4.** b **5.** c **6.** a
3. Was fehlt? **1.** b **2.** c **3.** b **4.** a **5.** b **6.** b
4. Wie sagt man auf Kroatisch? **1.** Dobar dan. **2.** Kamo putujete? **3.** Ja se zovem ... **4.** Drago mi je. **5.** Kako si? **6.** Hvala, dobro. **7.** Zanimljivo!

5 A Übungen

1. ... an den Tag bringen **1.** Danas je utorak, a sutra je srijeda. **2.** Danas je četvrtak, a sutra je petak. **3.** Danas je subota, a sutra je nedjelja. **4.** Danas je ponedjeljak, a sutra je utorak. **5.** Danas je srijeda, a sutra je četvrtak. **6.** Danas je petak, a sutra je subota. **7.** Danas je nedjelja, a sutra je ponedjeljak.
2. Sagen Sie es männlich! **1.** Nisam glup. **2.** Nisam star. **3.** Nisam gladan. **4.** Nisam žedan. **5.** Nisam umoran.
3. Immer wieder freitags **1.** Petkom jedem ribu. **2.** Petkom je vrijeme lijepo. **3.** Petkom idem šetati. **4.** Petkom dobro spavam. **5.** Petkom idem u restoran jesti.
4. Auf Deutsch **1.** Ich esse gern Fisch. **2.** Ich arbeite gern. **3.** Ich gehe gern spazieren. **4.** Ich liege gern im Gras. **5.** Ich schlafe gern.

5 B Übungen

1. Entschuldigen Sie ... **1.** Oprostite, govorite li hrvatski? **2.** Oprostite, želite li desert? **3.** Oprostite, gdje radite? **4.** Oprostite, kako se zovete? **5.** Oprostite, kamo putujete?
2. Absagen **1.** Ne putujem u Zagreb. **2.** Ne govorim hrvatski. **3.** Ne idem u grad. **4.** Ne jedem ribu. **5.** Ne ležim u travi. **6.** Ne spavam u parku.
3. Auf Kroatisch **1.** Dobar tek! **2.** Oprosti! **3.** Zaboga! **4.** Oprostite! **5.** To mi se sviđa.
4. Ich bin nicht ... , sondern ... **1.** Nisam u Zagrebu, nego u Splitu. **2.** Nisam kod kuće, nego u restoranu. **3.** Nisam žedan, nego gladan. **4.** Nisam glup, nego umoran. **5.** Nisam gospođa, nego gospođica.
5. Ich möchte ... **1.** Želim kavu. **2.** Želim pivo. **3.** Želim desert. **4.** Želim raditi. **5.** Želim spavati. **6.** Želim jesti.

6 A Übungen

1. Die Pflicht ruft **1.** Ana mora ići u grad. **2.** Nina i ja moramo putovati u Zagreb. **3.** Vi morate govoriti hrvatski. **4.** Ti moraš ići u kupovinu. **5.** Ja moram spavati. **6.** Anđela i Mateja moraju raditi u Splitu.
2. Hör auf! **1.** Prestani jesti prstima! **2.** Prestani govoriti njemački! **3.** Prestani spavati! **4.** Prestani raditi! **5.** Prestani piti pivo!
3. Ich brauche ... **1.** Trebam torbu. **2.** Trebam pivo. **3.** Trebam kavu. **4.** Trebam fotografiju. **5.** Trebam auto. **6.** Trebam namirnice. **7.** Trebam kozmetiku. **8.** Trebam kovčeg.
4. Musst du ... ? **1.** Nina, moraš li ići u kupovinu? **2.** Mirko, moraš li putovati u Njemačku? **3.** Marija, moraš li govoriti njemački? **4.** Ana, moraš li danas raditi? **5.** Toni, moraš li jesti prstima?
5. Und auf Kroatisch? **1.** ići u kupovinu **2.** Teo, prestani **3.** što trebamo? **4.** namirnice **5.** do kada?

6 B Übungen

1. Wie viel kostet ...? **1.** Koliko košta kruh? **2.** Koliko koštaju jagode? **3.** Koliko košta kava? **4.** Koliko koštaju jabuke? **5.** Koliko košta pivo? **6.** Koliko košta riba? **7.** Koliko koštaju torbe? **8.** Koliko košta kovčeg?

2. Die richtige Zahl **1.** b **2.** a **3.** b **4.** a

3. Alles lieb und teuer **1.** Kruh nije jeftin, nego skup. **2.** Jabuke nisu jeftine, nego skupe. **3.** Kava nije jeftina, nego skupa. **4.** Jagode nisu jeftine, nego skupe. **5.** Riba nije jeftina, nego skupa. **6.** Namirnice nisu jeftine, nego skupe. **7.** Kozmetika nije jeftina, nego skupa.

4. Weißt du, wo ... ? **1.** Znaš li gdje je torba? **2.** Znaš li gdje su jabuke? **3.** Znaš li gdje je kruh? **4.** Znaš li gdje su jagode? **5.** Znaš li gdje je pivo?

7 A Übungen

1. Wer hat Recht? **1.** Ana ima pravo. **2.** Nina i ja imamo pravo. **3.** Vi imate pravo. **4.** Ti imaš pravo. **5.** Ja imam pravo. **6.** David i Miho imaju pravo.

2. Heut' abend **1.** Večeras idem u grad. **2.** Večeras moram raditi. **3.** Večeras idem u restoran jesti. **4.** Večeras putujem u Njemačku. **5.** Večeras idem u osam spavati.

3. Heute im Fernsehen **1.** U jedan je nogomet. **2.** U dva je Tatort. **3.** U pet je jedan film. **4.** U osam je Dnevnik. **5.** U deset je James Bond.

4. Die deutsche Entsprechung zuordnen **1.** d **2.** f **3.** e **4.** a **5.** b **6.** c

7 B Übungen

1. Wessen ... ist das? **1.** Čiji je to televizor? **2.** Čija je to torba? **3.** Čije je to dijete? **4.** Čije je to pivo? **5.** Čija je to igraća konzola? **6.** Čiji je to prijatelj? **7.** Čiji je to stereouređaj? **8.** Čiji je to auto?

2. Gorans Welt **1.** Goranova mama. **2.** Goranov prijatelj. **3.** Goranov televizor. **4.** Goranovo dijete. **5.** Goranov stereouređaj. **6.** Goranov auto. **7.** Goranova torba. **8.** Goranova igraća konzola.

3. Übersetzen Sie **1.** Nije loše. **2.** Auto je rabljen. **3.** To je Goranov televizor. **4.** Torba pripada Nini. **5.** Čija je to kava?

4. Wem gehört ... **1.** Televizor pripada Teu. **2.** Kovčeg pripada Teu. **3.** Torba pripada Teu. **4.** Stereouređaj pripada Teu. **5.** Auto pripada Teu. **6.** Igraća konzola pripada Teu.

8 A Übungen

1. Man muss ... **1.** Mora se mnogo piti. **2.** Mora se dobro jesti. **3.** Mora se dovoljno spavati. **4.** Mora se uvijek raditi. **5.** Mora se sve znati. **6.** Mora se ići u kupovinu.

2. Man kann aber auch ... **1.** Ana može ići u grad. **2.** Nina i ja možemo putovati u Zagreb. **3.** Vi možete govoriti hrvatski. **4.** Ti možeš ići u kupovinu. **5.** Ja mogu spavati. **6.** Mona i Lara mogu raditi u Mainzu.

3. Du weißt, dass ... **1.** Ti znaš da idem u grad. **2.** Ti znaš da rado jedem ribu. **3.** Ti znaš da govorim hrvatski. **4.** Ti znaš da dobro spavam. **5.** Ti znaš da danas radim. **6.** Ti znaš da volim Ninu. **7.** Ti znaš da mnogo pijem. **8.** Ti znaš da moram ići u kupovinu.

4. Alles mitgenommen? **1.** Nina mora ponijeti torbu. **2.** Mirko mora ponijeti pivo. **3.** Marija mora ponijeti jelo i piće. **4.** Ana mora ponijeti kozmetiku. **5.** Toni mora ponijeti kovčeg.

5. Und auf Deutsch? **1.** Mir ist zu heiß. **2.** Du hast Recht. **3.** Warum nicht? **4.** Das ist billiger. **5.** Wohin möchtest du?

8 B Übungen

1. Lauter Nackedeis **1.** Teo se kupa gol. **2.** Nina se kupa gola. **3.** Dijete se kupa golo. **4.** Ana se kupa gola. **5.** Goran se kupa gol. **6.** Riba se kupa gola.
2. Kopfrechnen ... **1.** e **2.** c **3.** d **4.** b **5.** a
3. Sieht nicht schlecht aus **1.** Kupaće gaćice ne izgledaju loše. **2.** Kupaći kostim ne izgleda loše. **3.** Jabuke ne izgledaju loše. **4.** Frizura ne izgleda loše. **5.** Tvoji prijatelji ne izgledaju loše.
4. Ins Deutsche übertragen **1.** Worauf wartest du? **2.** Ich bin nicht verrückt! **3.** Das steht dir gut. **4.** Kann sein. **5.** Das ist meine Badehose.

T 2 Test

1. Welche Antwort stimmt? **1.** a **2.** c **3.** b **4.** b **5.** c **6.** b
2. Fragen und Antworten **1.** f **2.** a **3.** b **4.** c **5.** d **6.** e
3. Was fehlt? **1.** a **2.** b **3.** a **4.** b **5.** a **6.** b
4. Wie sagt man auf Kroatisch? **1.** Nije loše. **2.** Ići u kupovini. **3.** Dvadeset dva eura. **4.** Koliko koštaju jabuke? **5.** Oprostite! **6.** U jedan. **7.** U pola osam.

9 A Übungen

1. E-Mail für dich! **1.** Nina je dobila e-mail. **2.** Teo je dobio e-mail. **3.** Goran je dobio e-mail. **4.** Gospođica Lang je dobila e-mail. **5.** Gospođa Kos je dobila e-mail. **6.** Mirko je dobio e-mail. **7.** Gospodin Nemec je dobio e-mail. **8.** Mama je dobila e-mail. **9.** Gospođica Feldbusch je dobila e-mail. **10.** Gerhard je dobio e-mail.
2. Von Pontius zu Pilatus **1.** Od Bonna do Berlina. **2.** Od Splita do Zagreba. **3.** Od Austrije do Italije. **4.** Od Njemačke do Hrvatske. **5.** Od Poncija do Pilata.
3. Jeder, jede, jedes **1.** Svaki dan je lijep. **2.** Svako dijete je radoznalo. **3.** Svaki čovjek mora raditi. **4.** Svako pivo je dobro. **5.** Svaki euro je dobar.
4. Zuordnen **1.** d **2.** e **3.** a **4.** b **5.** c
5. Von wem? **1.** Nina je dobila e-mail od mame. **2.** Teo je dobio fotografiju od Nine. **3.** Dijete je dobilo jabuke od Gorana. **4.** Anna je dobila dijete od Borisa. **5.** Mirko je dobio sms od prijatelja.

9 B Übungen

1. Doppelt gemoppelt **1.** Nina hat nichts gegessen. **2.** Ich habe nichts gesagt. **3.** Das Kind hat nichts getrunken. **4.** Ich habe nichts bezahlt. **5.** Du hast nichts gekauft. **6.** Frau Kos hat nichts gewusst.
2. Richtige Erwiderung **1.** b **2.** a **3.** a **4.** b
3. Schon passiert **1.** Teo je platio carinu. **2.** Nina je kupila kruh. **3.** Dijete je spavalo. **4.** Goran je radio. **5.** Gospođa Kos je bila kod kuće.
4. Kurz nachgedacht **1.** Du hast Glück gehabt. **2.** Was für ein Glück! **3.** Glück ist alles. **4.** Ich habe immer Glück. **5.** Du bist mein Glück!
5. Lücken stopfen **1.** c **2.** e **3.** d **4.** b **5.** a

10 A Übungen

1. Fahren mit ... **1.** Nina se vozi autobusom. **2.** Goran i Teo se voze autom. **3.** Ja se vozim biciklom. **4.** Ti se voziš automobilom.
2. Gut zu Fuß **1.** U grad idem pješice. **2.** Na kupanje idem pješice. **3.** U kupovinu idem pješice. **4.** U park idem pješice. **5.** U crkvu idem pješice.

3. Die Marke macht's **1.** Nina vozi mercedes. **2.** Vi vozite volvo. **3.** Mi vozimo fiat. **4.** Ti voziš audi. **5.** Ja vozim bmw. **6.** Lena i Iva voze trabant.
4. Nie und nimmer **1.** Nikada ne pijem pivo. **2.** Nikada ne vozim bicikl. **3.** Nikada ne idem pješice. **4.** Nikada ne govorim hrvatski. **5.** Nikada ne jedem prstima. **6.** Nikada ne idem u crkvu.

10 B Übungen

1. Purzelpreise **1.** e **2.** d **3.** f **4.** b **5.** a **6.** c **7.** h **8.** g
2. Satzsalat **1.** d **2.** c **3.** a **4.** b
3. In der Pampa gelandet **1.** Nema pića. **2.** Nema jela. **3.** Nema hladnjaka. **4.** Nema interneta. **5.** Nema televizora. **6.** Nema e-maila. **7.** Nema piva.
4. Auf Deutsch **1.** Du bist ein Weichei! **2.** Ich habe kein Glück. **3.** Dieser Zollbeamte ist nicht nett. **4.** Frau Kos ist nett. **5.** Vergessen wir alles!

11 A Übungen

1. Unterwegs zu **1.** Teo ide Nini. **2.** Anna ide Goranu. **3.** Ja idem liječniku. **4.** Mirko ide Mariji.
2. Ende gut, alles gut? **1.** b **2.** b **3.** a **4.** a
3. Alle mögen sich **1.** Nina ga voli. **2.** Teo ju voli. **3.** Mama ga voli. **4.** Liječnik ju voli.
4. Zuordnen **1.** b **2.** a **3.** d **4.** e **5.** c
5. Aufs Knie gefallen **1.** Ninu boli koljeno. **2.** Tea boli koljeno. **3.** Gorana boli koljeno. **4.** Mariju boli koljeno. **5.** Mirka boli koljeno.

11 B Übungen

1. Wie alt? So alt! **1.** Teo ima dvadeset pet godina. **2.** Nina ima dvadeset tri godine. **3.** Ja imam trideset godina. **4.** Vi imate pedeset jednu godinu. **5.** Ti imaš četrdeset godina. **6.** Mi imamo osamnaest godina.
2. Selbsterkenntnis **1.** Nina: Moram priznati da sam mlada. **2.** Nina: Moram priznati da sam lijena. **3.** Nina: Moram priznati da sam umorna. **4.** Nina: Moram priznati da sam gladna. **5.** Nina: Moram priznati da sam žedna.
3. Anders gesagt **1.** Liječnica je mlada. **2.** Gospođa Kos je stara. **3.** Liječnik je star. **4.** Dijete je mlado. **5.** Otac je star.
4. Auf Deutsch **1.** Nichts ist einfach. **2.** Nichts ist gut. **3.** Nichts ist schön. **4.** Nichts ist interessant. **5.** Nichts ist normal.

12 A Übungen

1. Zukunftsmusik **1.** Nina će vidjeti more. **2.** Mi ćemo spavati u hotelu. **3.** Ti ćeš dobro jesti. **4.** Vi ćete imati sreću. **5.** Ja ću sutra raditi. **6.** Angela i Franz će putovati u Zagreb.
2. Richtige Reihenfolge **1.** Nina, imam jednu dobru vijest. **2.** Sljedeći tjedan ćemo ići na more. **3.** Točnije rečeno u Dubrovnik. **4.** Već sam rezervirao sobu u hotelu. **5.** Dubrovnik je vrlo lijep grad.
3. Und auf Kroatisch? **1.** Teo će jesti. **2.** Nina će spavati. **3.** Teo će raditi. **4.** Nina će vidjeti. **5.** Teo će ići.
4. Gleichberechtigt? **1.** Ti ćeš raditi, ja ću spavati. **2.** Ti ćeš jesti kruh, ja ću jesti ribu. **3.** Ti ćeš voziti auto, ja ću piti pivo. **4.** Ti ćeš trčati, ja ću ležati. **5.** Ti ćeš ići u kupovinu, ja ću ići na kupanje.

12 B Übungen

1. Wo bist du? **1.** Ja sam u Hrvatskoj. **2.** Ja sam u Njemačkoj. **3.** Ja sam u Italiji. **4.** Ja sam u Austriji. **5.** Ja sam u Norveškoj. **6.** Ja sam u Engleskoj.

2. Gegensätze **1.** Nina je brza, a Teo je spor. **2.** Auto je brz, a autobus je spor. **3.** Vrijeme je brzo, a ljubav je spora. **4.** Dijete je brzo, a otac je spor. **5.** Mercedes je brz, a trabant je spor.
3. Ich brauche nicht so viel ... **1.** Ne trebam toliko piva. **2.** Ne trebam toliko kruha. **3.** Ne trebam toliko pića. **4.** Ne trebam toliko jela. **5.** Ne trebam toliko kozmetike. **6.** Ne trebam toliko kave.
4. Bestimmte Eigenschaften **1.** Brzi Teo. **2.** Neodgovorni čovjek. **3.** Mladi carinik. **4.** Rabljeni Mercedes. **5.** Dobri liječnik.
5. Lücken füllen **1.** Ovo nije autocesta. **2.** Ovi ljudi voze prebrzo! **3.** Mi smo u Hrvatskoj. **4.** Hrvati misle da Nijemci voze sporo. **5.** Brzi Hrvat će dalje voziti.

T 3 Test

1. Welche Antwort stimmt? **1.** a **2.** b **3.** b **4.** a **5.** a + c **6.** b
2. Fragen und Antworten **1.** d **2.** a **3.** e **4.** f **5.** b **6.** c
3. Was fehlt? **1.** c **2.** b **3.** a **4.** b **5.** b **6.** c
4. Wie sagt man auf Kroatisch? **1.** Imaš pravo. **2.** Nije točno. **3.** Nema problema. **4.** Voziti se autobusom. **5.** Ići pješice. **6.** To stvarno nije ljubazno.

13 A Übungen

1. Herkunft **1.** Teo je iz Zagreba. **2.** Nina je iz Mainza. **3.** Sophia Loren je iz Italije. **4.** Dieter Bohlen je iz Njemačke. **5.** Picasso je iz Španjolske. **6.** Chopin je iz Poljske. **7.** Janica Kostelić je iz Hrvatske. **8.** Jack Nicholson je iz Amerike.
2. Zimmer reserviert? **1.** Teo i Goran su rezervirali sobu. **2.** Nina i Anna su rezervirale sobu. **3.** Nijemci su rezervirali sobu. **4.** Nina i Teo su rezervirali sobu. **5.** Vi ste rezervirali sobu.
3. Polizeikontrolle **1.** Molim Vas, Vaše ime. **2.** Molim Vas, Vašu osobnu kartu. **3.** Molim Vas, Vaš ključ. **4.** Molim Vas, Vašu torbu. **5.** Molim Vas, Vaš kovčeg.
4. Techtelmechtel **1.** Soba s kupaonicom. **2.** Teo s Ninom. **3.** Gospodin s gospođom. **4.** Pivo s alkoholom. **5.** Soba s pogledom.
5. Welcher, welche, welches **1.** koje ime **2.** koji čovjek **3.** koja torba **4.** koji grad **5.** koja gospođa **6.** koja soba **7.** koji ključ **8.** koji auto **9.** koje more. **10.** koji film

13 B Übungen

1. Was machen wir heute? **1.** Idemo na plažu. **2.** Idemo na more. **3.** Idemo na autobus. **4.** Idemo na kupanje. **5.** Idemo na nogomet.
2. Mir, nicht dir! **1.** Televizor pripada meni, a ne tebi. **2.** Doručak pripada meni, a ne tebi. **3.** Krevet pripada meni, a ne tebi. **4.** Ključ pripada meni, a ne tebi. **5.** Soba pripada meni, a ne tebi.
3. Immer der Reihe nach **1.** Najprije doručak, a onda plaža. **2.** Najprije raditi, a onda spavati. **3.** Najprije piti, a onda platiti. **4.** Najprije crkva, a onda ljubav. **5.** Najprije ja, a onda ti.
4. Bitte bring mir ... **1.** Molim te, donesi mi kavu! **2.** Molim te, donesi mi doručak! **3.** Molim te, donesi mi pivo! **4.** Molim te, donesi mi ključ! **5.** Molim te, donesi mi piće!
5. Auf Deutsch bitte **1.** Sei so gut! **2.** Hör auf! **3.** Geh ins Zimmer! **4.** Schlaf!

14 A Übungen

1. Mit ... **1.** Ležaljka sa suncobranom. **2.** Riba s kruhom. **3.** Čovjek sa snagom. **4.** Soba s pogledom na more. **5.** Jesti sa zadovoljstvom.
2. Rent a ... **1.** da **2.** ne **3.** da **4.** da **5.** ne
3. Wer kann was? **1.** Nina zna plivati. **2.** Mi znamo roniti. **3.** Ti znaš lijepo pisati. **4.** Vi znate hrvatski. **5.** Ja znam voziti auto. **5.** Neki ljudi znaju lijepo govoriti.

4. Verschwinde! 1. Nestani u sobu! **2.** Nestani u more! **3.** Nestani u grad! **4.** Nestani u park! **5.** Nestani u hotel!
5. Klein, aber entscheidend 1. Idemo na plažu. **2.** Teo je iz Zagreba. **3.** Sa zadovoljstvom. **4.** Nina je dobila e-mail od mame. **5.** Teo pije kavu s Ninom. **6.** Donesi mi doručak u krevet!

14 B Übungen

1. Um wie viel Uhr? 1. U jedan sat. **2.** U dvadeset jedan sat. **3.** U dva sata. **4.** U tri sata. **5.** U četiri sata. **6.** U dvadeset dva sata. **7.** U pet sati. **8.** U šest sati. **9.** U petnaest sati. **10.** U dvadeset sati.
2. Ich würde so gerne ... 1. Rado bih spavao. **2.** Rado bih plivao. **3.** Rado bih išao na koncert. **4.** Rado bih unajmio suncobran. **5.** Rado bih putovao u Dubrovnik.
3. Liebhabereien 1. Teo je ljubitelj kazališta. **2.** Nina je ljubiteljica filma. **3.** Ja sam ljubitelj glazbe. **4.** Ona je ljubiteljica kina.
4. Auf Kroatisch 1. U koliko sati? **2.** Dobro pitanje! **3.** To je već nešto! **4.** Imaš li ljubavnicu? **5.** On je moj ljubavnik.

15 A Übungen

1. Steigern 1. Otac je stariji od majke. **2.** Film je zanimljiviji od glazbe. **3.** Teo je sporiji od Nine. **4.** Mercedes je brži od trabanta. **5.** Gin je bolji od piva.
2. Zwischen/unter uns 1. Sukob među roditeljima. **2.** Ljubav među prijateljima. **3.** Sreća među ljudima. **4.** Trava među prstima.
3. Im Plural bitte 1. To su lijepi prijatelji. **2.** To su zanimljivi karakteri. **3.** To su otvoreni sukobi. **4.** To su glupi interesi. **5.** To su loši ciljevi.
4. Ins Deutsche 1. Das Leben ist so schön. **2.** Im Leben gibt es keine Probleme. **3.** Das Leben ist interessant. **4.** Was für ein Leben! **5.** Leben ist alles.

15 B Übungen

1. Erstlinge 1. Prva ljubav. **2.** Prva riječ. **3.** Prvi auto. **4.** Prvo dijete. **5.** Prvi čovjek.
2. Noch mehr über ... 1. Još više o tvojoj obitelji. **2.** Još više o tvojem životu. **3.** Još više o tvojem cilju. **4.** Još više o tvojem pitanju. **5.** Još više o tvojoj glazbi.
3. Tage der Woche 1. d **2.** c **3.** g **4.** a **5.** f **6.** b **7.** e
4. Auf Kroatisch 1. Od glave do pete. **2.** Imati prvu riječ. **3.** Stari je nacionalist. **4.** Moja majka je srdačna. **5.** Moj otac je tvrdoglav.

16 A Übungen

1. Wo lebt wer? 1. Ja živim u Hrvatskoj. **2.** Ti živiš u Dubrovniku. **3.** Nina živi u Mainzu. **4.** Mi živimo u Zagrebu. **5.** Vi živite u Berlinu. **6.** Nijemci žive u Njemačkoj.
2. Heute ist es noch ... 1. Danas je još zanimljivije. **2.** Danas je još mirnije. **3.** Danas je još bolje. **4.** Danas je još ljepše.
3. Leben von ... 1. Dubrovnik živi od turizma. **2.** Hollywood živi od filma. **3.** Lady Gaga živi od glazbe. **4.** Riba živi od mora.
4. Richtig oder falsch? 1. da **2.** ne **3.** ne **4.** ne **5.** da
5. Auf Deutsch 1. Im Sommer ist es warm. **2.** Im Winter ist es anders. **3.** Im Sommer ist es sonnig. **4.** Im Winter ist es nicht so schön. **5.** Im Sommer ist es interessant. **6.** Im Winter ist es ruhiger.

16 B Übungen

1. Ich lade dich ein **1.** Pozivam te na koncert. **2.** Pozivam te na večeru. **3.** Pozivam te na kavu. **4.** Pozivam te na doručak. **5.** Pozivam te na piće. **6.** Pozivam te na jelo. **7.** Pozivam te na vino. **8.** Pozivam te na pivo.
2. Was passt? **1.** a **2.** b **3.** a **4.** a
3. Ärgernisse **1.** Taj konobar! **2.** Ta liječnica! **3.** To jelo! **4.** Ta kamera! **5.** Taj čovjek!
4. Sitzen bleiben **1.** Nina i Teo sjede na plaži. **2.** Ti sjediš u autobusu. **3.** Mi sjedimo vani. **4.** Vi sjedite unutra. **5.** Frizura dobro sjedi. **6.** Ja sjedim na tvojoj torbi.
5. Übersetzen Sie **1.** die Speisekarte reichen **2.** draußen sitzen **3.** Getränke bestellen **4.** Rotwein trinken **5.** Essen empfehlen

T 4 Test

1. Welche Antwort stimmt? **1.** b **2.** b **3.** c **4.** b **5.** c **6.** b
2. Fragen und Antworten **1.** b **2.** c **3.** a **4.** e **5.** d
3. Was fehlt? **1.** b **2.** b **3.** c **4.** b **5.** c **6.** c
4. Wie sagt man auf Kroatisch? **1.** Plaža. **2.** U koliko sati. **3.** U dvadeset sati. **4.** Pozivam te na večeru. **5.** Je li to problem? **6.** Što želiš piti? **7.** Soba broj sedam. **8.** Kako to misliš?

17 A Übungen

1. Welche Endung kommt? **1.** Pogledaj, dolazi konobarica. **2.** Teo, kada dolaziš u Zagreb? **3.** Moji roditelji dolaze sutra. **4.** Ja dolazim večeras. **5.** Mi uskoro dolazimo u Njemačku.
2. Sprechen Sie nach Haben Sie auch nicht vergessen, auf Satzmelodie, Vokalbildung und auf die unterschiedlichen Formen für männlich und weiblich zu achten?
3. Die richtige Präposition **1.** Lignje s roštilja. **2.** Za gospođicu teleće pečenje. **3.** Teleće pečenje s krumpirima. **4.** Ona je još sporija od njega.
4. Auf Deutsch **1.** Calamares vom Grill. **2.** Was kann ich Ihnen bringen? **3.** Kalbsbraten mit Kartoffeln. **4.** Möchten Sie etwas essen? **5.** Gemischter Salat.

17 B Übungen

1. Nicht übertreiben **1.** Ich übertreibe nicht. **2.** Du übertreibst nicht. **3.** Teo übertreibt nicht. **4.** Wir übertreiben nicht. **5.** Ihr übertreibt nicht. **6.** Sie übertreiben nicht.
2. Alles Ninas oder was? **1.** To je Ninina torba. **2.** To je Ninin ključ. **3.** To je Ninino piće. **4.** To je Ninina ležaljka. **5.** To je Ninin auto.
3. Gib's mir! **1.** Daj mi ruku! **2.** Daj mi ključ! **3.** Daj mi bocu! **4.** Daj mi jelovnik! **5.** Daj mi pivo! **6.** Daj mi salatu! **7.** Daj mi dijete! **8.** Daj mi torbu!
4. Ach ja? **1.** a **2.** b **3.** a **4.** b

18 A Übungen

1. Beim nächsten Ton ist es ... Falls Sie die Uhrzeiten nicht verstanden haben – es handelt sich um folgende Zeitangaben: **1.** Es ist ein Uhr und eine Minute. **2.** Es ist zwei Uhr und zweiundzwanzig Minuten. **3.** Es ist dreiundzwanzig Uhr und dreiundzwanzig Minuten. **4.** Es ist null Uhr und vier Minuten. **5.** Es ist fünf Uhr und fünf Minuten. **6.** Es ist zehn Uhr und dreißig Minuten.
2. Meine, deine, Ihre ... **1.** moje stvari **2.** tvoje ruke **3.** Vaši prijatelji **4.** tvoja pitanja **5.** Vaši kovčezi
3. Nichts ist fertig **1.** Večera nije gotova. **2.** Teleće pečenje nije gotovo. **3.** Salata nije gotova. **4.** Doručak nije gotov. **5.** Nina nije gotova.

4. Wie viel Uhr ist es? 1. Dvanaest je sati. **2.** Tri su sata. **3.** Nula je sati. **4.** Šesnaest je sati. **5.** Dvadeset dva su sata. **6.** Devetnaest je sati. **7.** Trinaest je sati. **8.** Jedan je sat. **9.** Deset je sati. **10.** Dvadeset četiri su sata.
5. Auf Kroatisch bitte 1. voziti noću **2.** predati ključ **3.** Gdje su tvoje stvari? **4.** Koliko je sati? **5.** Moramo krenuti

18 B Übungen

1. An welchem Tag? 1. u ponedjeljak **2.** u utorak **3.** u srijedu **4.** u četvrtak **5.** u petak **6.** u subotu **7.** u nedjelju
2. Plaudern über ... 1. b **2.** b **3.** a **4.** b
3. Alles, was ich mag 1. Volim sunčane dane. **2.** Volim stare automobile. **3.** Volim mlade gospođice. **4.** Volim velike sobe. **5.** Volim srdačne ljude.
4. Lücken stopfen 1. Možemo li razgovarati da ne zaspim? **2.** A o čemu želiš govoriti? **3.** Što si planirala za zadnje dane? **4.** U srijedu ići u kupovinu.
5. Ins Kroatische 1. Moram pakirati stvari. **2.** Moram bolje planirati. **3.** Moram se odmoriti. **4.** Moram se javiti.

19 A Übungen

1. Eigenbrötler Die Sätze bedeuten auf Deutsch: **1.** Ich suche nur mein Recht. **2.** Du siehst nur dein Problem. **3.** Der Geizige liebt nur sein Geld. **4.** Die Deutschen trinken nur ihr Bier. **5.** Teo liebt nur seine Nina.
2. Ausnahmslos 1. Svi ljudi žele imati novac. **2.** Svi Hrvati govore hrvatski. **3.** Sve ribe znaju plivati. **4.** Sva pitanja su različita.
3. Wer suchet, der findet 1. Teo, jesi li vidio moju torbu? **2.** Teo, jesi li vidio moj novčanik? **3.** Teo, jesi li vidio moje jelo? **4.** Teo, jesi li vidio moju osobnu kartu? **5.** Teo, jesi li vidio moj novac?
4. Worüber man redet 1. Nina često govori o svojoj sreći. **2.** Škrtac nikada ne govoro o svojem novcu. **3.** Ti govoriš lijepo o svojem gradu. **4.** Hrvat rado govori o svojem moru.
5. Auf Deutsch 1. Die Tasche ist im Schrank. **2.** Das Portemonnaie ist in der Tasche. **3.** Das Geld ist im Portemonnaie. **4.** Hier ist alles.

19 B Übungen

1. Alles wunderschön ... 1. Prsten je prekrasan. **2.** Soba je prekrasna. **3.** More je prekrasno. **4.** Nakit je prekrasan. **5.** Grad je prekrasan.
2. Nette Erwiderungen 1. b **2.** a **3.** b **4.** b
3. Aus welchem Material 1. Prsten je od zlata. **2.** Boca je od stakla. **3.** Nakit je od platine. **4.** Pribor je od srebra.
4. Auf Kroatisch 1. Srebro ili zlato? **2.** Od srebra ili od zlata? **3.** srebrni nakit **4.** Prsten je prekrasan. **5.** Ti si sve rekla/rekao.

20 A Übungen

1. Bald heißt ... 1. Uskoro znači večeras. **2.** Uskoro znači sutra. **3.** Uskoro znači u petak. **4.** Uskoro znači u osam sati. **5.** Uskoro znači sljedeći tjedan.
2. Zuordnen 1. a **2.** b **3.** a **4.** b
3. Trotzdem 1. Ipak sam tako tužna. **2.** Ipak sam tako umorna. **3.** Ipak sam tako gladna. **4.** Ipak sam tako bolesna. **5.** Ipak sam tako radoznala.

4. Das Leben ist kurz **1.** Život je kratak. **2.** Večera je kratka. **3.** Film je kratak. **4.** Dani su kratki. **5.** Noć je kratka. **6.** Tjedan je kratak. **7.** Večere su kratke. **8.** Dnevnik je kratak.

5. Auf Deutsch **1.** sobald wie möglich abreisen **2.** sich sobald wie möglich melden **3.** sich sobald wie möglich sehen **4.** sobald wie möglich ein Zimmer reservieren **5.** sobald wie möglich einkaufen gehen

20 B Übungen

1. Ruf mich an **1.** Ljubavi, nazovi me! **2.** Draga, nazovi me! **3.** Dragi, nazovi me! **4.** Dušo, nazovi me! **5.** Srce, nazovi me! **6.** Zlato, nazovi me!

2. Grüß deine ... **1.** Pozdravi svoje roditelje! **2.** Pozdravi svoje prijatelje! **3.** Pozdravi svoje ljude! **4.** Pozdravi svoje studente!

3. Babysprache **1.** Ti si moja Ninica. **2.** Boli li te glavica? **3.** Tu je tvoja sobica. **4.** Gdje je moja torbica?

4. Alles über deine Familie **1.** Pozdravi svoju obitelj. **2.** Reci mi nešto o svojoj obitelji. **3.** Tko se zove Teo u tvojoj obitelji? **4.** Tvoja obitelj je zanimljiva. **5.** Dobio sam e-mail od obitelji.

T 5 Test

1. Welche Antwort stimmt? **1.** c **2.** a **3.** c **4.** c **5.** b **6.** c

2. Fragen und Antworten **1.** d **2.** a **3.** e **4.** b **5.** c

3. Was fehlt? **1.** a **2.** b **3.** b **4.** c **5.** b **6.** c

4. Wie sagt man auf Kroatisch? **1.** Bilo je tako lijepo. **2.** Smiri se! **3.** Ljubavi! **4.** Nazovi me! **5.** Moram te poljubiti! **6.** Pozdravi svoje roditelje.

Kurzgrammatik K

Phonetik Aussprache

Das kroatische Alphabet hat 30 Buchstaben: a, b, c, č, ć, d, dž, đ, e, f, g, h, i, j, k, l, lj, m, n, nj, o, p, r, s, š, t, u, v, z, ž. Die Aussprache ist ziemlich einfach, da alles so gesprochen wird, wie man es schreibt, ein Buchstabe entspricht einem Laut.

a	kann kurz oder lang sein
b	wie in **B**oot
c	immer wie in **C**äsar
č = **tsch**	wie in deu**tsch**
ć = **tch**	ähnlich wie in Hü**tch**en
d	wie in **d**u
dž = **dsch**	wie in **Dsch**ungel
đ	viel weicher als „dsch", wie „g" in **G**ina Lollobri**g**ida
e	kurz oder lang, aber offen, ähnlich wie „ä" in h**ä**tte oder M**ä**hne
f	wie in **F**enster
g	wie in **g**ut
h	wie „ch" in a**ch**
i	kann kurz oder lang sein
j	wie in **j**agen
k	wie in **k**ommen
l	wie in **l**ang
lj	ähnlich wie „ill" in Ta**ill**e
m	wie in **M**utter
n	wie in **N**ase
nj	ähnlich wie „gn" in Ko**gn**ak
o	kann kurz oder lang sein
p	wie in **P**ost
r	gerolltes Zungenspitzen-r wie in Ca**rr**olin **R**reibe**rr**
s	immer wie „ss" in la**ss**en oder „ß" in hei**ß**
š = **sch**	wie in **Sch**ule
t	wie in **T**ennis
u	kann kurz oder lang sein
v = **w**	wie in **w**ollen
z	wie stimmhaftes „s" in **S**onne
ž	wie „j" in **J**ournalist

Syntax Satzbau

Die neutrale Reihenfolge im Satz ist Subjekt – Prädikat – Objekt, aber je nach Aussage-Intention sind auch andere Abfolgen möglich. Einige Wörter haben aber immer eine feste Position im Satz. Unbetonte Pronomina und Hilfsverben an zweiter Stelle im Satz. Bei mehreren dieser Wörter im Satz ist die Reihenfolge:

1. **Verb** (bih, bi ...; češ, će ... ; sam, si ...)
2. **Dativwort** (mi, ti ...)
3. **Akkusativwort** (me, te, ga...): Kupio bih ti ga: ...

Hauptwörter Substantive

Kasus (Fall)

1. Nominativ (Werfall): tko?/što? (wer?/was?)
2. Genitiv (Wessenfall): koga?/čega? (wessen)
3. Dativ (Wemfall): komu?/čemu? (wem?)
4. Akkusativ (Wenfall): koga?/što? (wen?/was?)
5. Vokativ (Anredefall): oj!/ej! (oh!)
6. Lokativ (Ortsfall): o komu/o čemu/gdje? (über wen/über was – worüber/wo?)
7. Instrumental (Fall, der das Mittel bezeichnet): s kim?/čim? (mit wem?/womit?)

Genus (grammatikalisches Geschlecht)

Man kann oft an der Endung erkennen, ob ein Hauptwort maskulin, feminin oder neutrum ist:

1. **Maskulina** (m) enden meist auf **Konsonant**: ormar: Schrank. Ausnahme: Endung **-o**: auto: Auto (Achtung: wird im Singular wie (n), und im Plural wie (m) dekliniert)
2. **Feminina** (f) enden meist auf **-a** (soba: Zimmer), manche enden auf Konsonant (obitelj: Familie)
3. **Neutra** (n) enden auf **-o** (računalo: Computer) oder auf **-e** (more: Meer).

Zusätzliche Unterscheidung:
Im Singular für Maskulina: – **belebt** (Menschen, Tiere) – **unbelebt** (alles andere)

Maskulina: männliche Hauptwörter

Singular (Einzahl):
Nominativ: Endung auf Konsonant: gospodin: Herr
Genitiv: **-a**: gospodina
Dativ: **-u**: gospodinu
Akkusativ: 1. belebte: wie im Genitiv auf **-a**: gospodina 2. unbelebte: wie im Nominativ auf Konsonant: kovčeg: den Koffer
Vokativ: meist auf **-e**: gospodine; endet Nominativ auf j, lj, nj, š, ž, č, ć, dž oder đ ist die Vokativ-Endung **-u**: prijatelj → prijatelju
Lokativ: **-u**: gospodinu
Instrumental: auf **-om**: gospodinom; oder auf **-em**: prijateljem

Plural (Mehrzahl)
Nominativ: **-i**: prijatelji
Genitiv: **-a**: prijatelja
Dativ: **-ima**: prijateljima
Akkusativ: **-e**: prijatelje
Vokativ: **-i**: prijatelji
Lokativ: **-ima**: prijateljima
Instrumental: **-ima**: prijateljima

Feminina: weibliche Hauptwörter

Singular (Einzahl)
Nominativ: **-a**: gospođa
Genitiv: **-e**: gospođe
Dativ: **-i**: gospođi
Akkusativ: **-u**: gospođu
Vokativ: 1. meist auf **-o**: gospođo 2. auf **-e**, wenn Nominativ Singular auf **-ica** endet: gospođica → gospođice 3. auf **-a**, die meisten Eigennamen: Nina → Nina

Lokativ: **-i**: gospođi
Instrumental: **-om**: gospođom

Plural (Mehrzahl)
Nominativ = Akkusativ = Vokativ: **-e**: gospođe
Genitiv: 1. **-a**: gospođa 2. Ausnahme-Endung **-u** haben Substantive: ruka → ruku**,** noga→ nogu
Dativ = Lokativ = Instrumental: **-ama**: gospođama

Feminina auf Konsonant
Singular (Einzahl)
Nominativ = Akkusativ: endet auf Konsonant: obitelj
Genitiv = Dativ = Vokativ = Lokativ = Instrumental: **-i**: obitelji

Plural (Mehrzahl)
Nominativ = Genitiv = Akkusativ = Vokativ: **-i**: obitelji
Dativ = Lokativ = Instrumental: **-ima**: obiteljima

Neutra: sächliche Hauptwörter
Singular (Einzahl)
Nominativ = Akkusativ = Vokativ: **-o**: računalo(Computer); oder **-e**: more (Meer)
Genitiv: **-a**: računala; mora
Dativ = Lokativ: **-u**: računalu; moru
Instrumental: **-om**: računalom; oder **-em**: morem

Plural (Mehrzahl)
Nominativ = Genitiv = Akkusativ = Vokativ: **-a**: računala; mora
Dativ = Lokativ = Instrumental: **-ima**: računalima; morima

Präpositionen *Verhältniswörter*

Nach Präpositionen steht das Substantiv in bestimmten Fällen. Hier die gebräuchlichsten:

Genitiv	**Akkusativ**	**Lokativ**	**Instrumental**
iz: aus	na: nach, auf, an, in, zu	na: auf, an, in	među: zwischen, unter
s: von	za: für, zu	o: über, an	s/sa: mit
do: bis, zu	u: nach, in, an	u: in	
od: von, aus			

Adjektive *Eigenschaftswörter*

Adjektive kommen in zwei Formen vor: 1. bestimmte Form und 2. unbestimmte Form. Die bestimmte Form des Adjektivs identifiziert das Substantiv und antwortet auf die Frage **koji/koja/koje?** (welcher/welche/welches?). Die unbestimmte Form qualifiziert das Substantiv und antwortet auf die Frage **kakav/kakva/kakvo?** (was für ein/eine/ein?).

Deklination der bestimmten Adjektive
Singular (Einzahl)
Nominativ
Maskulina (m): meist auf: **-i**: stari: alter/der alte
Feminina (f): **-a**: stara: alte/die alte
Neutra (n): **-o**: staro: altes/das alte, oder **-e**: zadnje: letzes/das letzte

Genitiv (m): **-oga**: staroga prijatelja: des alten Freundes; wenn der Stamm auf nj, lj, j, đ, ć, č, ž oder š endet, ist die Genitiv-Endung: **-ega**: zadnji → zadnjega (der letzte → des letzten)
(f): **-e**: stare gospođe: der alten Frau; (n): **-oga**: staroga računala: des alten Computers; wenn der Nominativ auf **-e** endet, ist die Genitiv-Endung: **-ega**: zadnje → zadnjega (das letzte → des letzten)
Dativ (m): **-ome**, oder **-omu**: starome/staromu prijatelju: dem alten Freund; wenn der Stamm auf nj, lj, j, đ, ć, č, ž oder š endet, ist die Dativ-Endung: **-emu**: zadnji → zadnjemu (letzter → letztem) (f): **-oj**: staroj gospođi: der alten Frau; (n): **-ome**, oder **-omu**: starome/staromu računalu: dem alten Computer; wenn der Nominativ auf **-e** endet, ist die Dativ-Endung: **-emu**: zadnje → zadnjemu (das letzte → dem letzten)
Akkusativ (m): belebt = Genitiv: staroga prijatelja: den alten Freund; unbelebt = **Nominativ**: (m): stari kovčeg: den alten Koffer
(f): **-u**: staru gospođu: die alte Frau; (n): **-o**: staro računalo: den alten Computer, oder **-e**: zadnje računalo
Vokativ (m): **-i**: stari prijatelju: alter Freund!; (f): **-a**: stara gospođo: alte Frau! (n): **-o**: staro računalo: alter Computer!, oder **-e**: zadnje računalo!
Lokativ (m) **-ome**, oder **-omu**: u starome/staromu kovčegu: in dem alten Koffer; wenn der Stamm auf nj, lj, j, đ, ć, č, ž oder š endet, ist die Lokativ-Endung: **-emu**: zadnji → zadnjemu (letzter → letztem); (f): **-oj**: u staroj torbi: in der alten Tasche; (n): -**ome**, oder **-omu**: u starome/staromu računalu: in dem alten Computer; wenn der Nominativ auf **-e** endet, ist die Lokativ-Endung: **-emu**: zadnje → zadnjemu
Instrumental (m) **-im**: sa starim prijateljem: mit dem alten Freund; (f): **-om**: sa starom gospođom: mit der alten Frau; (n): **-im**: starim računalom: mit dem alten Computer

Plural (Mehrzahl)
Nominativ = Vokativ: (m) **-i**: stari prijatelji; (f) **-e**: stare gospođe; (n) **-a**: stara računala
Genitiv: (m) + (f) + (n): **-ih**: starih prijatelja; starih gospođa; starih računala
Dativ = Lokativ = Instrumental: (m) + (f) + (n): **-im**: starim prijateljima; starim gospođama; starim računalima
Akkusativ: (m) + (f): **-e**: stare prijatelje; stare gospođe; (n) **-a**: stara računala

Deklination der unbestimmten Adjektive
Singular (Einzahl)
Nominativ: Maskulina (m): auf Konsonant: star: alt/ein alter
Feminina (f): **-a**: stara: alt/eine alte
Neutra (n): **-o**: staro: alt/ein altes, oder **-e**: smeđe: braun/ein braunes

	(m)	(f)	(n)
Genitiv:	stara	stare	stara
Dativ:	staru	staroj	staru
Akkusativ:	star (unbelebt) stara (belebt)	staru	staro
Lokativ:	staru	staroj	staru
Instrumental:	starim	starom	starim

Plural (Mehrzahl)

Nominativ:	stari	stare	stara
Genitiv:	starih	starih	starih
Dativ:	starim	starim	starim
Akkusativ:	stare	stare	stara
Lokativ:	starim	starim	starim
Instrumental:	starim	starim	starim

Steigerung

Komparativ: Grundform + (m) **-iji**: stariji (älter/älterer/der ältere)
(f) **-ija**: starija (älter/ältere/die ältere)
(n) **-ije**: starije (älter/älteres/das ältere)

Superlativ: Präfix **naj-** + Komparativ: (m): najstariji (am ältesten/ältester/der älteste)
(f): najstarija (am ältesten /älteste/die älteste)
(n): najstarije (am ältesten /ältestes/das älteste)

Unregelmäßig:

1. Drei Adjektive bilden den Komparativ mit den Endungen: (m): **-ši**; (f): **-ša**; (n): **-še**: lak (leicht) → lakši/lakša/lakše, lijep (schön) → ljepši/ljepša/ljepše, mek (weich) → mekši/mekša/mekše
2. Einige einsilbige Adjektive haben eine Lautänderung im Stamm, und folgende Endungen: (m): **-i**; (f): **-a**; (n): **-e**: lud (verrückt) → luđi, brz (schnell) → brži, jak (stark) → jači
3. Vier Adjektive bilden den Komparativ völlig unregelmäßig:
   dobar (gut) → bolji/bolja/bolje zao (böse) → gori/gora/gore
   malen (klein) → manji/manja/manje velik (groß) → veći/veća/veće

Pronomen Fürwörter

Personalpronomen (persönliches Fürwort)

Die Form nach dem Schrägstrich benutzt man nach Präpositionen oder wenn man das Pronomen hervorheben will.

Singular (Einzahl)

Nominativ	Genitiv	Dativ	Akkusativ	Lokativ	Instrumental
ich: ja	me/mene	mi/meni	me/mene	meni	mnom
du: ti	te/tebe	ti/tebi	te/tebe	tebi	tobom
er: on	ga/njega	mu/njemu	ga/njega	njemu	njim
sie: ona	je/nje	joj/njoj	ju/nju	njoj	njom
es: ono	ga/njega	mu/njemu	ga/njega	njem	njim

Plural (Mehrzahl)

Nominativ	Genitiv	Dativ	Akkusativ	Lokativ	Instrumental
wir: mi	nas	nam/nama	nas	nama	nama
ihr: vi	vas	vam/vama	vas	vama	vama
sie: oni (m)	ih/njih	im/njima	ih/njih	njima	njima
sie: one (f)	ih/njih	im/njima	ih/njih	njima	njima
sie: ona (n)	ih/njih	im/njima	ih/njih	njima	njima

Die zweite Person Plural ist gleichzeitig die höfliche Anredeform, wird dann aber groß geschrieben: vi: ihr → Vi: Sie.

Possessivpronomen (besitzanzeigendes Fürwort)

Singular (Einzahl)

Nominativ:	moj: mein (m)	moja: meine (f)	moje: mein (n)
Genitiv:	mojeg	moje	mojeg
Dativ:	mojem	mojoj	mojem
Akkusativ:	moj (unbelebt) mojeg (belebt)	moju	moje
Lokativ:	mojem	mojoj	mojem
Instrumental:	mojim	mojom	mojim

Ebenso: dein: tvoj/tvoja/tvoje und das rückbezügliche Possessivpronomen eigen: svoj/svoja/svoje

Plural (Mehrzahl)

Nominativ:	moji (m)	moje (f)	moja (n)
Genitiv:	mojih	mojih	mojih
Dativ:	mojim	mojim	mojim
Akkusativ:	moje	moje	moja
Lokativ:	mojim	mojim	mojim
Instrumental:	mojim	mojim	mojim

Ebenso: deine: tvoji/tvoje/tvoja und das rückbezügliche Possessivpronomen eigene: svoji/svoje/svoja

Singular (Einzahl)

Nominativ:	naš: unser (m)	naša: unsere (f)	naše: unseres (n)
Genitiv:	našeg	naše	našeg
Dativ:	našem	našoj	našem
Akkusativ:	naš (unbelebt) našeg (belebt)	našu	naše
Lokativ:	našem	našoj	našem
Instrumental:	našim	našom	našim

Ebenso: euer/eure: vaš/vaša/vaše

Plural (Mehrzahl)

Nominativ:	naši (m)	naše (f)	naša (n)
Genitiv:	naših	naših	naših
Dativ:	našim	našim	našim
Akkusativ:	naše	naše	naša
Lokativ:	našim	našim	našim
Instrumental:	našim	našim	našim

Ebenso: eure: vaši/vaše/vaša

Interrogativpronomen (Fragefürwort)

1. tko: wer
2. što: was
3. čiji/čija/čije: wessen
4. koji/koja/koje: welcher/welche/welches
5. kakav/kakva/kakvo: was für ein/eine

Nominativ:	tko: wer	što: was
Genitiv:	koga	čega
Dativ:	komu/kome	čemu

Akkusativ:	koga	što
Lokativ:	kom/kome	čem/čemu
Instrumental:	kim/kime	čim/čime

Singular (Einzahl)

Nominativ:	koji: welcher	koja: welche	koje: welches
Genitiv:	kojeg	koje	kojeg
Dativ:	kojem	kojoj	kojem
Akkusativ:	koji (unbelebt) kojeg (belebt)	koju	koje
Lokativ:	kojem	kojoj	kojem
Instrumental:	kojim	kojom	kojim

Ebenso: čiji/čija/čije

Plural (Mehrzahl)

Nominativ:	koji: welche	koje: welche	koja: welche
Genitiv:	kojih	kojih	kojih
Dativ:	kojim	kojim	kojim
Akkusativ:	koje	koje	koja
Lokativ:	kojim	kojim	kojim
Instrumental:	kojim	kojim	kojim

Ebenso: čiji/čije/čija

Relativpronomen (bezügliches Fürwort)

Die zuvor angeführten Interrogativpronomina können auch die Funktion von Relativpronomina haben.

Demonstrativpronomen (hinweisendes Fürwort)

1. ovaj/ova/ovo: dieser/diese/dieses – (für etwas, was dem Sprecher näher ist als dem Hörer)
2. taj/ta/to: dieser/diese/dieses – (für etwas, was dem Hörer näher ist als dem Sprecher)

Singular (Einzahl)

Nominativ:	ovaj	ova	ovo
Genitiv:	ovog	ove	ovog
Dativ:	ovom	ovoj	ovom
Akkusativ:	ovaj (unbelebt) ovog (belebt)	ovu	ovo
Lokativ:	ovom	ovoj	ovom
Instrumental:	ovim	ovom	ovim

Ebenso: taj/ta/to

Plural (Mehrzahl)

Nominativ:	ovi	ove	ova
Genitiv:	ovih	ovih	ovih
Dativ:	ovim	ovim	ovim
Akkusativ:	ove	ove	ova
Lokativ:	ovim	ovim	ovim
Instrumental:	ovim	ovim	ovim

Ebenso: ti/te/ta

Tätigkeitswörter Verben

Die Mehrzahl der Verben endet im Infinitiv auf: **-ti**: imati (haben). Manche enden auf **-ći**: moći (können). Im Kroatischen muss man nicht unbedingt ich, du, Sie etc. sagen. Welche Person gemeint ist, erkennt man an der Verb-Endung. Die 2. Pers. Plural eines Verbs ist im Kroatischen gleichzeitig die Höflichkeitsform: putujete: ihr reist und Sie reisen. Bei reflexiven Verben bleibt das rückbezügliche Pronomen **se** (sich) immer unverändert: baviti se → bavim se (sich beschäftigen → ich beschäftige mich)

Präsens Gegenwart

Das Präsens wird vom Präsensstamm und den Endungen gebildet. Es gibt vier Gruppen von Präsens-Endungen.

		I	II	III	IV
1.	Person Singular (ich):	-em	-jem	-im	-am
2.	Person Singular (du):	-eš	-ješ	-iš	-aš
3.	Person Singular (er/sie/es):	-e	-je	-i	-a
1.	Person Plural (wir):	-emo	-jemo	-imo	-amo
2.	Person Plural (ihr/Sie):	-ete	-jete	-ite	-ate
3.	Person Plural (sie):	-u	-ju	-e	-aju

Beispiele:

	I	II	III	IV
	ići: gehen	piti: trinken	raditi: arbeiten	spavati: schlafen
1.	idem	pijem	radim	spavam
2.	ideš	piješ	radiš	spavaš
3.	ide	pije	radi	spava
1.	idemo	pijemo	radimo	spavamo
2.	idete	pijete	radite	spavate
3.	idu	piju	rade	spavaju

Verneinende Präsensformen

Die verneinende Partikel **ne** steht unmittelbar vor dem Verb:
idem (ich gehe) / ne idem (ich gehe nicht)
pijem (ich trinke) / ne pijem (ich trinke nicht)
radim (ich arbeite) / ne radim (ich arbeite nicht)
spavam (ich schlafe) / ne spavam (ich schlafe nicht)

Fragende Präsensformen

Die Fragepartikel **li** steht immer unmittelbar hinter dem Verb:
ideš (du gehst) / ideš li? (gehst du?)
piješ (du trinkst) / piješ li? (trinkst du?)
radiš (du arbeitest) / radiš li? (arbeitest du?)
spavaš (du schläfst) / spavaš li? (schläfst du?)

Unregelmäßige Verben

biti: sein

	Verneinung:	Frage:
1. ja sam (ich bin)	nisam (ich bin nicht)	jesam li (bin ich?)
2. ti si (du bist)	nisi (du bist nicht)	jesi li (bist du?)
3. on/ona/ono je (er/sie/es ist)	nije (er/sie/es ist nicht)	je li (ist er/sie/es?)
1. mi smo (wir sind)	nismo (wir sind nicht)	jesmo li (sind wir?)
2. vi ste (ihr seid)	niste (ihr seid nicht)	jeste li (seid ihr?)
3. oni/one/ona su (sie sind)	nisu (sie sind nicht)	jesu li (sind sie?)

htjeti: wollen

	Verneinung:
1. hoću (ich will)	neću (ich will nicht)
2. hoćeš (du willst)	nećeš (du willst nicht)
3. hoće (er/sie/es will)	neće (er/sie/es will nicht)
1. hoćemo (wir wollen)	nećemo (wir wollen nicht)
2. hoćete (ihr wollt)	nećete (ihr wollt nicht)
3. hoće (sie wollen)	neće (sie wollen nicht)

Fragen werden regelmäßig gebildet: hoću li, hoćeš li ...

imati: haben

Nur die verneinenden Formen sind unregelmäßig:

	Verneinung:
1. imam (ich habe)	nemam (ich habe nicht)
2. imaš (du hast)	nemaš (du hast nicht)
3. ima (er/sie/es hat)	nema (er/sie/es hat nicht)
1. imamo (wir haben)	nemamo (wir haben nicht)
2. imate (ihr habt)	nemate (ihr habt nicht)
3. imaju (sie haben)	nemaju (sie haben nicht)

moći: können

1. mogu (ich kann)
2. možeš (du kannst)
3. može (er/sie/es kann)
1. možemo (wir können)
2. možete (ihr könnt)
3. mogu (sie können)

Verneinung und Frage regelmäßig: ne mogu; mogu li.

Futur

Futur wird von den unbetonten Formen des Hilfsverbs htjeti (wollen): ću, ćeš, će, ćemo, ćete, će + dem Infinitiv des Hauptverbs gebildet.

1. ja ću biti: ich werde sein	1. mi ćemo biti: wir werden sein
2. ti ćeš biti: du wirst sein	2. vi ćete biti: ihr werdet sein
3. on/ona/ono će biti: er/sie/es wird sein	3. oni će biti: sie werden sein

Ću, ćeš, će, ćemo ... stehen immer an 2. Stelle im Satz, werden in einem Zug mit dem vorangegangen Wort ausgesprochen (ja ću biti → jaću biti)! Der Infinitiv kann auch vor dem Hilfsverb stehen: ići ću (ich werde gehen). Endet der Infinitiv auf **-ti**, fällt beim Schreiben der Buchstabe **i** weg (biti ću → bit ću), beim Sprechen die komplette Endung **ti** (biti ću → biću).

Vergangenheit *Perfekt*

Das Perfekt wird mit dem Partizip Perfekt + Präsens des Hilfsverbs **biti** gebildet: (dobiti → dobio sam: bekommen → ich habe bekommen). Das Partizip Perfekt hat im Singular und Plural drei unterschiedliche Formen (m, f, n), die vom Infinitivstamm + Partizip-Endungen gebildet werden: Singular: (m): **-o**, (f) **-la**, (n) **-lo**   Plural: (m): **-li**, (f) **-le**, (n) **-la**

	(m)	(f)	(n)	
1. Singular:	dobio sam	dobila sam	dobilo sam	ich habe bekommen
2. Singular:	dobio si	dobila si	dobilo si	du hast bekommen
3. Singular:	dobio je	dobila je	dobilo je	er/sie/es hat bekommen
1. Plural:	dobili smo	dobile smo	dobila smo	wir haben bekommen
2. Plural:	dobili ste	dobile ste	dobila ste	ihr habt bekommen
3. Plural:	dobili su	dobile su	dobila su	sie haben bekommen

Die **männliche** Pluralform wird immer auch bei gemischten Gruppen genommen (Teo i Nina su dobili), ebenso bei der höflichen Anrede mit Sie (Vi ste dobili).

Befehlsform *Imperativ*

Leider viele verschiedene Formen, Ausnahmen und Lautänderungen! Hier nur zwei grundlegende Regeln für die Bildung des Imperativs für die 2. Person Singular:

1. Präsensstamm auf Konsonant + i: id-eš → id-i! (du gehst → geh!)
2. Präsensstamm auf Vokal + j: pi-ješ → pi-j! (du trinkst → trink!)

Möglichkeitsform *Konditional*

(Partizip Perfekt + Hilfsformen: bih, bi, bismo, biste)

	(m)	(f)	(n)	
1. Singular:	platio bih	platila bih	platilo bih	ich würde zahlen
2. Singular:	platio bi	platila bi	platilo bi	du würdest zahlen
3. Singular:	platio bi	platila bi	platilo bi	er/sie/es würde zahlen
1. Plural:	platili bismo	platile bismo	platila bismo	wir würden zahlen
2. Plural:	platili biste	platile biste	platila biste	ihr würdet zahlen
3. Plural:	platili bi	platile bi	platila bi	sie würden zahlen

Aspekte

Die schlechte Nachricht: Die kroatischen Verben (genauso wie die Verben anderer slawischer Sprachen) haben noch eine Besonderheit, die für deutschsprachige Lerner sehr ungewohnt ist: die Aspekte. Die meisten Verben haben zwei Aspekte: einen imperfektiven und einen perfektiven. Die Aspekte beziehen sich auf den Verlauf einer Handlung. Der imperfektive Aspekt drückt eine Handlung als geschehend (im Prozess) aus. Der perfektive Aspekt drückt eine Handlung als geschehen (abgeschlossen) aus. Der Aspekt kann durch eine entsprechende Endung unterschieden werden, manchmal aber auch durch einen ganz anderen Verbstamm. Da hilft nur pauken.
Die gute Nachricht: Im Rahmen dieses Buches verzichten wir auf die Vermittlung von Aspekten.

Numerale Zahlwörter

Kardinalzahlen

0: nula	10: deset	20: dvadeset
1: jedan/jedna/jedno	11: jedanaest	21: dvadeset jedan
2: dva/dvije/dva	12: dvanaest	22: dvadeset dva
3: tri	13: trinaest	23: dvadeset tri
4: četiri	14: četrnaest	24: dvadeset četiri
5: pet	15: petnaest	25: dvadeset pet
6: šest	16: šesnaest	26: dvadeset šest
7: sedam	17: sedamnaest	27: dvadeset sedam
8: osam	18: osamnaest	28: dvadeset osam
9: devet	19: devetnaest	29: dvadeset devet

10: deset	100: sto	1000: tisuća
20: dvadeset	200: dvjesto	2000: dvije tisuće
30: trideset	300: tristo	3000: tri tisuće
40: četrdeset	400: četiristo	4000: četiri tisuće
50: pedeset	500: petsto	5000: pet tisuća
60: šezdeset	600: šeststo	6000: šest tisuća
70: sedamdeset	700: sedamsto	7000: sedam tisuća
80: osamdeset	800: osamsto	8000: osam tisuća
90: devedeset	900: devetsto	9000: devet tisuća

Einige Kardinalzahlen werden dekliniert:

1. nula und tisuća wie Feminina auf **-a**
2. Die Zahl jedan/jedna/jedno und alle Zusammensetzungen mit 1 (21, 31, 41 ...) wie die bestimmten Adjektive.
3. dva/dvije/dva und alle Zusammensetzungen mit 2 (22, 32, 42 ...):
   Nominativ = Akkusativ = Vokativ: (m) + (n): dva, (f): dvije
   Genitiv: (m) + (n): dvaju, (f): dviju
   Dativ = Lokativ = Instrumental: (m) + (n): dvama, (f): dvjema
4. tri und Zusammensetzungen (23, 33, 43 ...):
   Nominativ = Akkusativ = Vokativ: (m) + (n) + (f): tri
   Genitiv: (m) + (n) + (f): triju
   Dativ = Lokativ = Instrumental: (m) + (n) + (f): trima
5. četiri und (24, 34, 44 ...):
   Nominativ = Akkusativ = Vokativ: (m) + (n): + (f): četiri
   Genitiv: (m) + (n): + (f): četiriju
   Dativ = Lokativ = Instrumental: (m) + (n): + (f): četirima

Nach 1 (21, 31 ...) folgt der Fall, in dem auch die Zahl steht: To je jedn**a** boc**a**. Imaš li jedn**u** boc**u**? (Das ist eine Flasche. Hast du eine Flasche?).

Nach 2, 3, 4 (22-24, 32 – 34 ...) folgt Nominativ Plural der Feminina: dvije/tri/četiri boc**e**, oder Genitiv Singular der Maskulina und der Neutra: dva/tri/četiri prijatelj**a**, dva/tri/četiri eur**a**.

Nach 5–20 (25-30 ...) folgt Genitiv Plural: boc**a**, prijatelj**a**, eur**a**.

Ordnungszahlen (funktionieren wie die Formen der bestimmten Adjektive)

1.: prvi/-a/-o	11.: jedanaesti/-a/-o	21.: dvadeset prvi/-a/-o
2.: drugi/-a/-o	12.: dvanaesti/-a/-o	30.: trideseti/-a/-o
3.: treći/-a/-e	13.: trinaesti/-a/-o	40.: četrdeseti/-a/-o
4.: četvrti/-a/-o	14.: četrnaesti/-a/-o	50.: pedeseti/-a/-o
5.: peti/-a/-o	15.: petnaesti/-a/-o	60.: šezdeseti/-a/-o
6.: šesti/-a/-o	16.: šesnaesti/-a/-o	70.: sedamdeseti/-a/-o
7.: sedmi/-a/-o	17.: sedamnaesti/-a/-o	80.: osamdeseti/-a/-o
8.: osmi/-a/-o	18.: osamnaesti/-a/-o	90.: devedeseti/-a/-o
9.: deveti/-a/-o	19.: devetnaesti/-a/-o	100.: stoti/-a/-o
10.: deseti/-a/-o	20.: dvadeseti/-a/-o	101.: sto prvi/-a/-o

Uhrzeit

Koliko je sati? (Wie viel Uhr ist es?) Deset je sati i petnaest minuta: Es ist zehn Uhr und fünfzehn Minuten. Die offiziellen Zeitangaben werden in Kardinalzahlen von 0–24 + je sat, su sata, je sati angegeben: 1 und 21 + je sat. 2, 3, 4 und 22, 23, 24 + su sata. 0 und 5–20 + je sati.
Minutenangaben in Zahlen von 0–60 + minut**a**, minut**e**: 2–4, 22–24, 32–34, 42–44, 52–54 + minut**e**, sonst minut**a**.
Umgangssprachlich wird bei Zeitangaben nur die Zahl genannt: Deset i petnaest: Zehn und fünfzehn.

Wochentage

ponedjeljak (Montag)	u ponedjeljak (am Montag)	ponedjeljkom (montags)
utorak (Dienstag)	u utorak (am Dienstag)	utorkom (dienstags)
srijeda (Mittwoch)	u srijedu (am Mittwoch)	srijedom (mittwochs)
četvrtak (Donnerstag)	u četvrtak (am Donnerstag)	četvrtkom (donnerstags)
petak (Freitag)	u petak (am Freitag)	petkom (freitags)
subota (Samstag)	u subotu (am Samstag)	subotom (samstags)
nedjelja (Sonntag)	u nedjelju (am Sonntag)	nedjeljom (sonntags)

Wörter A-Ž

W

Diese Liste enthält neben der Grundform oft auch die deklinierten/konjugierten Formen *(ići, idem, cilj, ciljevi)*. Dies soll vor allem bei der Suche nach jenen Wörtern helfen, bei denen sich die Grundform stark verändert. Bei Präpositionen sind besonders oft gebrauchte Formen ebenfalls aufgeführt *(grad, u gradu)*. Die Zahlen geben die Seite an, auf der das Wort vorkommt. Die Sonderzeichen werden unter dem entsprechenden Grundbuchstaben aufgeführt *(c, č, ć → c)*.

a und, aber 17
ali aber 37
auto je das Auto ist 11
autobus Bus 67
autocesta Autobahn 81
automobil Automobil 15
Badnjak Heiligabend 123
baka Oma, Großmutter 101
balet Ballett 97
baviti se sich beschäftigen, betreiben 67
baviti se sportom Sport treiben 67
bicikl Fahrrad 67
biti sein 11
boca Flasche 113
bok hallo/tschüss 11
bolestan/bolesna/bolesno krank 75
boli me tut mir weh 73
Božić Weihnachten 123
broj Nummer 87
brz/brza/brzo schnell 69
brzi der schnelle 81
budalo! Blödmann! 117
budi sei 89
carina Zoll 63
carinik Zollbeamter 63
cesta Straße 81
cilj Ziel 99
ciljevi Ziele 99
crkva Kirche 27
crn/crna/crno schwarz 107
crno vino Rotwein 107
čekam ich warte 55
čekaš du wartest 55
čekati warten 55
čemu wozu 41
četiri vier 43
četrdeset vierzig 69
četrnaest vierzehn 55
četvrtak Donnerstag 35
četvrti/-a/-o vierter 101
čiji/čija/čije wessen 49
čim sobald 133
čini mi se mir scheint 105
čovjek Mensch 61
da damit 121
da dass 53
da ja 9
daj! komm/hör auf! (wörtl.: gib) 49
dalje weiter 29
danas heute 35
deset zehn 43
deset eura zehn Euro 43
deseti/-a/-o zehnter 101
devedeset neunzig 69
devet neun 43
devet sati neun Uhr 119
deveti/-a/-o neunter 101
devetnaest neunzehn 55
dijete Kind 15
djed Opa, Großvater 101
Dnevnik Tagesschau 47
do + Genitiv bis, zu 61
do kada bis wann 41
do Zagreba bis Zagreb 61
Dobar dan! Guten Tag! 9
dobar je er ist gut 17
dobila si (f) du hast bekommen 61
dobio/dobila/dobilo bekommen 61
dobra je sie ist gut 17
Dobra večer! Guten Abend! 14
dobro gut 11
dobro došla (f) herzlich willkommen 11
dobro je es ist gut 17
Dobro jutro! Guten Morgen! 14
dobru ribu guten Fisch 35
dodati reichen 107
dokumenti Dokumente 125
dolazi er/sie/es kommt 113
dolazim ich komme 113
dolaziš du kommst 113
dolaziti kommen 113
domaćica Hausfrau 99
donesi mi bring mir 89
donijeti bringen 113
doručak Frühstück 89
doručkovati frühstücken 89
Doviđenja! Auf Wiedersehen! 15
doznati erfahren 101
Draga! Liebste! 130
Dragi! Liebster! 133
drago mi je freut mich, angenehm 9
drama Drama 97
drugi/-a/-o zweiter 101
drukčije anders 105
Duhovi Pfingsten 123
Dušo! mein Herz! (wörtl.: meine Seele) 130
dva su sata es ist zwei Uhr 119
dva/dvije/dva zwei 43
dvadeset zwanzig 55
dvadeset četiri vierundzwanzig 55
dvadeset dva zweiundzwanzig 55
dvadeset jedan einundzwanzig 55
dvadeset pet fünfundzwanzig 55
dvadeset tri dreiundzwanzig 55
dvanaest zwölf 43
dvanaesti/-a/-o zwölfter 101
dvije minute zwei Minuten 119
dvokrevetna soba Doppelzimmer 87
film Film 97
ga es 73
ga ihn 73
gdje su wo sind 15
gladan je er ist hungrig 17
gladna je sie ist hungrig 17
gladna sam (f) ich bin hungrig 17
gladno je es ist hungrig 17
glava Kopf 75
glavica Köpfchen 133
glavobolja Kopfschmerzen 75
glup/glupa/glupo blöd/dumm 29
glupa gusko! blöde Gans! 117
glupa pitanja blöde Fragen 29
godina Jahr 75
gol/gola/golo nackt 55
Goranov/Goranova/Goranovo Gorans 49
gospođa verheiratete oder ältere Frau 14
gospođica jüngere, unverheiratete Frau 14
gospođice Fräulein (Anrede) 15
gospodin Herr 14
gospodine Herr (Anrede) 21
gospođo Frau (Anrede) 15
gotov/gotova/gotovo fertig 119
govorim ich spreche 9

govorite Sie sprechen 9
govoriti o + Lokativ sprechen über 121
gubi se verpiss dich 117
hladnjak der Kühlschrank 17
hodati laufen 73
hotel Hotel 79
hrabar/hrabra/hrabro tapfer, mutig 133
Hrvati Kroaten 81
hrvatski kroatisch 9
hvala danke 11
i und, auch 15
ići gehen 15
ići + Dativ gehen zu 73
ići ćemo wir werden gehen 79
ići na kupanje zum Baden gehen 53
ići pješice zu Fuß gehen 67
ići u kupovinu einkaufen gehen 41
ide er/sie/es geht 15
idem ich gehe 15
idem liječniku ich gehe zum Arzt 73
idem Nini ich gehe zu Nina 73
idem Teu ich gehe zu Teo 73
idem u grad ich gehe in die Stadt 23
idemo lass uns gehen/wir gehen 11
idemo wir gehen 15
ideš du gehst 15
idete ihr geht, Sie gehen 15
idi geh 89
idiote! Idiot! 117
idu sie gehen 15
igraća konzola Spielkonsole 49
ima er/sie/es hat 47
ima es gibt 47
imaš du hast 23
imaš li sve? hast du alles? 23
imati haben 47
imati prvu riječ das Sagen haben 101
interes Interesse 99
ipak trotzdem 131
išao bih (m) ich würde gehen 95
išao/išla/ išlo gegangen 63
išla bih (f) ich würde gehen 95
iz + Genitiv aus 87
iz Zagreba aus Zagreb 87
izgledaju sie sehen aus 55
izgledam ich sehe aus 55
izgledaš du siehst aus 11
izgledati aussehen 55
izići ausgehen 95
izvoli bitte sehr, bitte schön (du) 87
izvolite bitte sehr, bitte schön (Sie) 87
ja bih išla (f) ich würde gehen 95
ja ću ići ich werde gehen 79
ja sam ich bin 9
ja se zovem ich heiße 9
jabuke Äpfel 43
jagode Erdbeeren 43
javiti se sich melden 121
je li ist er/sie/es 27
jedan je sat es ist ein Uhr 119
jedan/jedna/jedno eins 43
jedanaest elf 43
jedanaesti/-a/-o elfter 101
jedem ich esse 35
jedna minuta eine Minute 119
jednostavan/jednostavna/-o einfach 75
jedva kaum 73
jeftin/jeftina/jeftino billig 43
jeftiniji/jeftinija/jeftinije billiger 53
jelo Essen 53
jelovnik Speisekarte 107
jesam li bin ich 27
jesi li bist du 27
jesmo li sind wir 27
jeste li sind Sie/seid ihr 27
jesti essen 35
jesu li sind sie 27
još noch 15
ju sie 73
kad = kada wann, wenn 93
kada wenn 75
kakav/kakva/kakvo was für ein/eine 27
kako si wie geht es dir 11
kamera Kamera 49
kamo wohin 9
kao wie 69
karakter Charakter 99
katedrala Kathedrale, Dom 27
kavu einen Kaffee 37
kazalište Theater 95
kino Kino 97
kladimo se wetten wir 69
klasična glazba klassische Musik 95
klavir Klavier 97
ključ Schlüssel 87
kod kuće zu Hause 37
koji/koja/koje welcher/-e/-es 87
koliko wie viel 43
koliko imaš godina? wie alt bist du? 75
koliko je sati? wie viel Uhr ist es? 119
koliko eura košta? wie viel Euro kostet? 43
koliko piva wie viel Bier 81
koljeno Knie 73
komedija Komödie 97
Komparativ + **od** + Genitiv als 99
komu wem 49
konačno endlich 11
koncert Konzert 97
konoba Weinkeller 104
konobar Kellner 107
konobarica Kellnerin 113
košta er/sie/es kostet 43
koštaju sie kosten 43
koštati kosten 43
kozmetika Kosmetikartikel, Kosmetika 41
kratak/kratka/kratko kurz 131
krema za sunčanje Sonnencreme 93
krenuti losgehen 93
krenuti losfahren 119
kretati se sich bewegen 75
kruh Brot 43
krumpir Kartoffel 107
kuna frühere kroatische Währung 45
kupaće gaćice Badehose 55
kupaći kostim Badeanzug 55
kupam se ich bade 55
kupati se baden 55
kupio/kupila/kupilo gekauft 63
kupiti kaufen 53
kvartet Quartett 97
ležaljka Liegestuhl 55
ležaljke Liegestühle 93
ležati liegen 29
leži er/sie/es liegt 29
ležim ich liege 29
li Fragepartikel 23
lignje Calamares 113
liječnica Ärztin 75
liječnik Arzt 73
lijen/lijena/lijeno faul 67
lijep/lijepa/lijepo schön 23
lipa frühere kroatische Münze 45
loš/loša/loše schlecht, übel 49
lud/luda/ludo verrückt 55
ljeti im Sommer, sommers 105
ljubav Liebe 73
Ljubavi! Liebes, Liebling! 133
ljubavnica Geliebte 95
ljubavnik Geliebter 95
ljubazan/ljubazna/ljubazno nett 69
ljubitelj Liebhaber 95
ljubiteljica Liebhaberin 95
ljudi Leute 81
magarče! Esel! 117
majka Mutter 101

me mich 73
među zwischen, unter 99
mek/meka/meko weich 29
mekušac Weichei 69
meni mir 49
mi mir 89
mi ćemo ići wir werden gehen 79
mi smo wir sind 11
miješana salata gemischter Salat 107
mirnije ruhiger 105
mislim ich denke 29
misliš du meinst/denkst 29
misliti denken/meinen 29
misliti na denken an 43
mlad/mlada/mlado jung 75
mnogo viel 53
mnogo sreće viel Glück 81
mobitel Handy 49
mobitel zvoni das Handy klingelt 121
moći können 53
mogu ich kann 53
mogu sie können 53
moj kovčeg mein Koffer 15
moja ljubav meine Liebe 73
moja stvar meine Sache 119
moja torba meine Tasche 15
moje dijete mein Kind 15
moje pivo mein Bier 15
moje stvari meine Sachen 119
moji/moje/moja meine 119
Molièrov/Molièrova/Molièrovo Molières 95
molim bitte 69
molim te (ich) bitte (dich) 69
molim Vas (ich) bitte (Sie) 69
mora se man muss 53
moram ich muss 41
moram raditi ich muss arbeiten 41
moram spavati ich muss schlafen 41
moramo wir müssen 41
morao sam raditi ich musste arbeiten 63
morati müssen 41
možda vielleicht 47
može er/sie/es kann 53
možemo wir können 53
možeš du kannst 53
možete ihr könnt/Sie können 53
na + Akkusativ an, zu 89
na fotografiji auf dem Photo 21
na ime auf den Namen 87
na koncert ins Konzert 95
na more ans Meer 79
na nogomet zum Fußball 89
na plažu an den Strand 89
na što worauf 55
na televiziji im Fernsehen 47
nacionalist Nationalist 101
nađe er/sie/es findet 125
najbolje am besten 105
najgore am schlimmsten 75
najljepše am schönsten 29
najmirnije am ruhigsten 105
najprije zuerst, erst 89
najradije am liebsten 55
najsporija (f) langsamste (am langsamsten) 113
najstrašnije am schrecklichsten 75
najzanimljivije am interessantesten 105
nakit Schmuck 127
namirnice Lebensmittel 41
natekao/natekla/nateklo geschwollen 73
nazovi me ruf mich an 133
ne nein/nicht 17
ne jedem ich esse nicht 37
ne radim ich arbeite nicht 37
ne spavam ich schlafe nicht 37
ne zaboravi vergiss nicht 93
nedjelja Sonntag 35
negdje irgendwo 125
nego sondern 37
neke einige 41
nema er/sie/es hat nicht 47
nema problema kein Problem 17
nemaju sie haben nicht 47
nemam ich habe nicht 47
nemam ništa ich habe nichts 63
nemamo wir haben nicht 47
nemaš du hast nicht 47
nemate ihr habt nicht/Sie haben nicht 47
neodgovor/-an/-na/-no unverantwortlich 81
nestani verschwinde 93
nešto etwas 47
nije er/sie/es ist nicht 35
nijem stumm 13
Nijemci Deutsche 81
nikada nie, niemals 67
Ninice Ninalein (Anrede) 133
Ninin/Ninina/Ninino Ninas 115
nisam ich bin nicht 35
nisi du bist nicht 35
nismo wir sind nicht 35
ništa nichts 63
niste ihr seid nicht/Sie sind nicht 35
nisu sie sind nicht 35
noć Nacht 115
noću nachts, in der Nacht 119
nogomet Fußball 47
normalno normal, normalerweise 63
Nova godina Neujahr 123
novac Geld 125
novčanik Portemonnaie 125
nudi er/sie/es bietet (an) 35
nudim ich biete (an) 35
nudistička plaža FKK-Strand 89
nuditi (an)bieten 35
nula null 43
o + Lokativ über 101
o čemu worüber 121
o pedeset eura um fünfzig Euro 69
o tvojem djetetu über dein Kind 101
o tvojem prijatelju über deinen Freund 101
o tvojoj obitelji über deine Familie 101
očekivati erwarten 113
od + Genitiv aus 127
od + Genitiv von 61
od glave do pete von Kopf bis Fuß 101
od koga von wem 61
od mame von Mama 61
od njega als er 113
od platine aus Platin 127
od restorana do auta vom Restaurant zum Auto 61
od srebra aus Silber 127
od stakla aus Glas 127
od turizma vom Tourismus 105
od zlata aus Gold 127
odlično ausgezeichnet, toll 11
odmah gleich, sofort 89
odmoriti se sich ausruhen 121
on/ona/ono će ići er/sie/es wird gehen 79
on/ona/ono je er/sie/es ist 11
onda dann 73
oni će ići sie werden gehen 79
oni su sie sind 11
opet wieder 131
oprosti entschuldige 37
oprostite entschuldigen Sie 37
orkestar Orchester 97
ormar Schrank 125
osam acht 43
osamdeset achtzig 69
osamnaest achtzehn 55
osmi/-a/-o achter 101
osmijeh Lächeln 115
osobna karta Personalausweis 86
otac Vater 69

otputovati abreisen 115
otvoren/otvorena/-o geöffnet, offen 41
ovaj/ova/ovo dieser, diese, dieses 81
ovdje hier 105
ovo das (dem Sprecher nahe) 21
ozbiljno ernst 115
pakirati stvari Sachen packen 121
par ein paar/das Paar 27
par stoljeća ein paar Jahrhunderte 27
park Park 29
pedeset fünfzig 69
pet fünf 43
pet je sati es ist fünf Uhr 119
peta Ferse 101
petak Freitag 35
peti/-a/-o fünfter 101
petkom freitags 35
petnaest fünfzehn 55
petnaest eura fünfzehn Euro 55
petnaest minuta fünfzehn Minuten 119
piće Getränk(e) 53
pij trink 89
pijem ich trinke 53
piše er/sie/es schreibt 61
pitanje Frage 29
piti trinken 53
pivo Bier 15
pivom mit dem Bier 37
pješice zu Fuß 67
planirati planen 121
platina Platin 127
platiti zahlen, bezahlen 63
plaža Strand 89
poetično poetisch 29
pogledaj schau mal, sieh mal 113
pogledati (nach)schauen 15
poljubiti küssen 131
polupansion Halbpension 86
pomoći helfen 73
ponedjeljak Montag 35
ponekad manchmal 67
ponijeti mitnehmen 53
poslovni čovjek Geschäftsmann 99
pozdravi grüß 133
pozivam ich lade ein 107
pravo recht 47
prazan/prazna/prazno leer 17
predati abgeben, übergeben 119
prekrasan/prekrasna/-o wunderschön 127
preporučiti empfehlen 107
prestani hör auf 41
prestani govoriti hör auf zu reden/sprechen 41
prestani jesti hör auf zu essen 41
pretjerivati übertreiben 115
pretjeruje er/sie/es übertreibt 115
pretjerujem ich übertreibe 115
pretjeruješ du übertreibst 115
prevruć/prevruća/prevruće zu heiß 53
priborom mit dem Besteck 37
prijatelj Freund 21
pripada gehört 49
pripadam ich gehöre 49
pripadati gehören 49
privatni smještaj Privatunterkunft 79
priznati zugeben, gestehen 75
promet Verkehr 81
protiv dagegen, gegen 89
prsten Ring 127
prstima mit den Fingern 37
pršut Schinken (luftgetrocknet) 104
prtljaga Gepäck 119
Prvi svibanj 1. Mai 123
prvi/prva/prvo der/die/das erste 101
pun/puna/puno voll 17
puni pansion Vollpension 86
putovnica Reisepass 86
putujem ich reise 9
putujem u Split ich reise nach Split 23
putujete Sie reisen 9
rabljen/rabljena/rabljeno gebraucht 49
računalo Computer 150
rade sie machen 21
radi er/sie/es macht/arbeitet 21
radije lieber 37
radim ich mache 21
radimo wir machen 21
radio sam ich habe gearbeitet 63
radiš du machst 21
radite ihr macht/Sie machen 21
raditi machen/arbeiten 21
rado gerne 35
radoznao/radoznala/radoznalo neugierig 61
razgovarati sich unterhalten 121
različit/različita/različito verschieden 99
reci sag 89
rekao/rekla/reklo gesagt 63
rezervirali/rezervirale/-la reserviert 87
rezervirati reservieren 79
režiser Regisseur 97
riječ Wort 101
roditelji Eltern 99
ručnik Handtuch 93
ruka Hand 115
s + Genitiv von 113
s + Instrumental mit 87
s kupaonicom mit Bad 87
s pogledom mit Ausblick 87
s roštilja vom Grill 113
sa = s mit 93
sa zadovoljstvom mit Vergnügen 93
sad = sada jetzt 93
sada jetzt 37
samo nur 17
sedam sieben 43
sedam eura sieben Euro 43
sedamdeset siebzig 69
sedamnaest siebzehn 55
sedmi/-a/-o siebter 101
seronjo Scheißkerl! 117
sigurno bestimmt, sicher 17
sjedi er/sie/es sitzt 107
sjedim ich sitze 107
sjediš du sitzt 107
sjediti sitzen 107
skup/skupa/skupo teuer 43
sljedeći/sljedeća/sljedeće nächst/er/e/es 79
smiri se beruhige dich 131
snaga Kraft 69
soba Zimmer 79
spava er/sie/es schläft 29
spavaj schlaf 89
spavaju sie schlafen 29
spavam ich schlafe 29
spavamo wir schlafen 29
spavaš du schläfst 29
spavate ihr schlaft/Sie schlafen 29
spavati schlafen 29
spor/spora/sporo langsam 81
spora langsame 113
sporija langsamere 113
spreman/spremna/spremno bereit 93
Srce mein Herz 130
srdačan/srdačna/srdačno herzlich 101
srebrn/srebrna/srebrno silbern/e/es 127
srebro Silber 127
sreća Glück 63
srijeda Mittwoch 35
stabla Bäume 29
staklo Glas 127
stanovnici die Bewohner 105
stanovnik der Bewohner 105
star/stara/staro alt 27
Stara godina Sylvester 123

stara ljubav alte Liebe 73
stara stabla alte Bäume 29
stare torbe alte Taschen 29
Stari der Alte 101
stari prijatelji alte Freunde 29
stariji älter/der ältere/älterer 99
stereouređaj Stereoanlage 49
stignem ich komme an 133
sto hundert 69
strašno schrecklich 73
studira er/sie/es studiert 21
stvarno wirklich 27
subota Samstag 35
sukob Konflikt 99
sunčan/sunčana/sunčano sonnig 23
suncobran Sonnenschirm 93
sutra morgen 35
sva stabla alle Bäume 125
svakako natürlich, auf jeden Fall 23
svaki/svaka/svako jeder/jede/jedes 61
sve alles 23
sve sobe alle Zimmer 125
svi Hrvati alle Kroaten 125
svi/sve/sva alle 125
sviđa joj se ihr gefällt 127
sviđa mi se er/sie/es gefällt mir 27
sviđa mi se mir gefällt 127
sviđa mu se ihm gefällt 127
sviđa ti se dir gefällt 127
sviđati se gefallen 127
svoj/svoja/svoje rückbezügliches Fürwort 125
svoju torbu meine Tasche 125
svuci zieh aus 55
šesnaest sechzehn 55
šest sechs 43
šesti/-a/-o sechster 101
šetati bummeln, spazieren 23
šezdeset sechzig 69
škrtac der Geizige 95
šteta schade 115
šteta Schaden 115
što was 21
što dass, weil 115
što prije so bald wie möglich 131
Švabe Schwaben 13
ta sreća dieses Glück 107
taj konobar dieser Kellner 107
taj/ta/to dieser/diese/dieses 107
tako so 23
te dich 73
tebi dir 89
tek Appetit 37
teleće pečenje Kalbsbraten 107
televizor Fernseher 49
ti dir 89
ti ćeš ići du wirst gehen 79
ti si du bist 11
ti također du auch 11
tjedan Woche 79
tko wer 21
to das (dem Hörer nahe) 21
to vino dieser Wein 107
točnije rečeno genauer gesagt 79
trabant Trabant 68
točno stimmt, richtig 67
toliko so, so viel 69
toliko prometa so viel Verkehr 81
topao/topla/toplo warm 23
torbom mit der Tasche 37
trabant Trabant 68 (DDR-Automarke)
tragedija Tragödie 97
trajati dauern 131
traje er/sie/es dauert 131
traju sie dauern 131
trava Gras 29
tražim ich suche 125
tražiš du suchst 125
tražiti suchen 125
trbuh der Bauch 17
trčati laufen, rennen 67
trebam ich brauche 41
trebam kavu ich brauche Kaffee 41
trebam kovčeg ich brauche den Koffer 41
trebamo wir brauchen 41
trebati brauchen 41
treći/-a/-e dritter 101
trgovine die Geschäfte 41
tri drei 43
trideset dreißig 69
trinaest dreizehn 55
tu da 15
tužan/tužna/tužno traurig 115
tvoj/tvoja/tvoje dein/deine 15
tvoje stvari deine Sachen 119
tvoji/tvoje/tvoja deine 119
tvrdoglav/tvrdoglava/-o dickköpfig 101
u + Akkusativ in/nach 23
u + Zahl um 47
u Austriji in Österreich 63
u četiri um vier 47
u četvrtak am Donnerstag 121
u deset um zehn 47
u deset sati um zehn Uhr 25
u dva um zwei 47
u dva sata um zwei Uhr 95
u dvadeset sati um zwanzig Uhr 95
u grad in die Stadt 23
u Hrvatskoj in Kroatien 81
u jedan um eins 47
u jedan sat um ein Uhr 95
u koliko sati um wie viel Uhr 95
u krevet ans Bett 89
u nedjelju am Sonntag 121
u Njemačkoj in Deutschland 81
u Norveškoj in Norwegen 81
u osam um acht 47
u pet um fünf 47
u pet sati um fünf Uhr 95
u petak am Freitag 121
u pola jedan um halb eins 47
u pola osam um halb acht 47
u ponedjeljak am Montag 121
u Sarajevu in Sarajevo 21
u Splitu in Split 21
u srijedu am Mittwoch 121
u subotu am Samstag 121
u torbi in der Tasche 21
u tri um drei 47
u utorak am Dienstag 121
u Zagreb nach Zagreb 9
učiniti tun, machen 131
ugodan boravak! angenehmen Aufenthalt! 15
umoran/umorna/umorno müde 17
unajmiti mieten 55
unutra hinein, drinnen 27
uopće überhaupt 61
uskoro bald 115
Uskrs Ostern 123
utorak Dienstag 35
uvijek immer 37
uzak/uska/usko eng 81
uživati genießen 115
Vam Ihnen 113
vani draußen 11
Vaš/Vaša/Vaše Ihr/Ihre/Ihr 87
Vaši/Vaše/Vaša Ihre 119
već schon 79
večera Abendessen 107
večeras heute Abend 47
Velika Gospa Maria Himmelfahrt 123
Veliki petak Karfreitag 123
vi ihr (2. Pers. Pl.) 9
Vi Sie (höfliche Anrede) 9
vi ćete ići ihr werdet gehen 79
vi govorite ihr sprecht 9
Vi govorite Sie sprechen, reden 9
vi ste ihr seid 11
Vi ste Sie sind 11
vidio/vidjela/vidjelo gesehen 63
vidjeti se sich sehen 131
vijest Nachricht 79
vjeran/vjerna/vjerno treu 133

Quellenverzeichnis

Cover, Rücktitel: © Getty Images/E+/gaspr13

Fotos:
S. 4: © Getty Images/iStock/SCStock
S. 5: © Shutterstock.com/Darios
S. 8: © Getty Images/iStock/xbrchx
S. 13: © Getty Images/iStock/Wirestock
S. 14: © Getty Images/E+/Tempura
S. 19: © Getty Images/iStock/Igor Tichonow
S: 20: © Getty Images/iStock/Pedro Costa Simeao
S. 25: © Getty Images/E+/FG Trade
S. 26: © Getty Images/iStock/Subodh Agnihotri
S. 31: © Getty Images/iStock/iascic
S. 34: © Getty Images/iStock/Olga Gont
S. 39: © Getty Images/iStock/nadisja
S. 40: © Getty Images/iStock/Baloncici
S. 45: © Getty Images/iStock/nd3000
S. 46: © Shutterstock.com/Gorodenkoff
S. 51: © Getty Images/iStock/bernardbodo
S. 52: © bobex73 – stock.adobe.com
S. 57: © Getty Images/E+/pixelfit
S. 60: © Getty Images/E+/Johnce
S. 65: © Getty Images/iStock/Tetiana Voievodenko
S. 66: © Getty Images/iStock/Leonid Andronov
S. 71: © Getty Images/iStock/FotografieLink
S. 72: © Getty Images/iStock/stefanamer
S. 77: © Getty Images/iStock/NataliaDeriabina
S. 78: © Getty Images/iStock/Leo Ang
S. 83: © Getty Images/iStock/bonzodog75
S. 86: © Getty Images/iStock/macniak
S. 91: © Getty Images/iStock/loeskieboom
S. 92: © Getty Images/iStock/SCStock
S. 97: © Getty Images/iStock/Pornpak Khunatorn
S. 98: © Getty Images/iStock/ViewApart
S. 103: © Getty Images/iStock/TuiPhotoengineer
S. 104: © Getty Images/iStock/I love taking photos and i think that is a really great opportunity for me to share them
S. 109: © Getty Images/E+/Anchiy
S. 112: © Getty Images/iStock/Nadezhda1906
S. 117: © Getty Images/E+/ozgurcankaya
S. 118: © Getty Images/iStock/Vladimir Despetovic
S. 123: © Getty Images/iStock/Solovyova
S. 124: © Getty Images/iStock/SerhiiBobyk
S. 129: © Getty Images/iStock/urbazon
S. 130: © Getty Images/E+/FG Trade
S. 135: © Getty Images/iStock/DoraZett

Bildredaktion: Cornelia Hellenschmidt, Hueber Verlag, München

Inhalt der MP3-Downloads zum Buch:

Produktion: www.homefamily.de, Wiesbaden

Notizen